이 책을
주 안에서 만나 사랑하여 결혼하는
(결혼하여 가정을 이룬)

남편 ＿＿＿＿＿＿＿과

아내 ＿＿＿＿＿＿＿ 에게

축복의 마음을 담아
드립니다.

메리지 튜토리얼

매리지 튜토리얼

초판 1쇄 | 2025년 3월 1일
지 은 이 | 박삼영
펴 낸 이 | 이한민
펴 낸 곳 | 아르카
등록번호 | 제307-2017-18호
등록일자 | 2017년 3월 22일
주   소 | 서울 성북구 숭인로2길 61 길음동부센트레빌 106-1805
전   화 | 010-9510-7383
이 메 일 | arca_pub@naver.com
블 로 그 | arca_pub.blog.me
페이스북 | fb.me/ARCApulishing

책   값 | 뒤표지에 있습니다.

I S B N | 979-11-89393-40-3 03230

아르카ARCA는 기독출판사이며 방주ARK의 라틴어입니다(창 6:15).
네가 만들 방주는 이러하니 … 새가 그 종류대로, 가축이 그 종류대로,
땅에 기는 모든 것이 그 종류대로 각기 둘씩 네게로 나아오리니 그 생명을 보존하게 하라 _창 6:15,20

아르카는 (사)한국기독출판협회 회원 출판사입니다.

스드메 튜토리얼보다 중요한
성경 세계관의 결혼 플래너

매리지
튜토리얼

박삼영 지음

Marriage
Tutorial

아르카

"잠이 들 때까지 머릴 만져 줄게~"

로망과 현실을 넘는 힘

"메리 미(Marry Me)."

'나와 결혼해줄래?'라는 프러포즈 노래(양다일, 여름날 우리 OST)의 가사 한 부분이다.

여자들은 단지 "나와 결혼해줘" 같은 단도직입적 프러포즈보다 이런 고백을 더 좋아한다.

"매일 아침 널 위해 아메리카노를 내려줄게."

배우 이병헌이 이민정에게 결혼을 앞두고 고백했다는 '이따위 흔한' 말이다. 여자들의 마음 한켠에 자리하고 있는 결혼에 대한 로망 중 하나가, 결혼을 약속한 남자와 마침내 가정을 이루었을 때 매일 아침 그가 내려준 커피 향을 맡으며 눈 뜨고 싶은 거란다.

누구는 또 그러더라. 사랑하는 남자의 손이 내 머리를 쓰다듬으며, 내가 잠들 때까지 그가 곁에 있어 주기를 바란다고. 얼마나 로맨틱하고 기대되는 사랑의 표현인가?

여자만 그런 로망이 있는 건 아니다. 남자도 자기가 신었다가 던져놓기만 한 양말과 땀에 절인 빨래의 개수보다 많은 잔소리를 얹어

타격하는 엄마에게서 해방되고, 자기만 믿고 바라봐줄 지고지순의 아내가 생긴다는 사실에 가슴 설렌다. 그 아내가 훗날 자기가 또 버릇처럼 벗어놓을 양말 개수에 제곱과 제곱을 더해 폭탄 같은 잔소리를 퍼부으리라는 걸 전혀 모른다는 게 총각들만 모르는 비밀이지만.

어쨌든 나를 보고 웃어주며, 나를 닮은 아이를 낳아줄 그녀와의 새로운 인생이 시작된다니, 결혼이 줄 수 있는 기쁨과 행복은 말로 표현할 수 없는 신비로움이 아닌가?

그러나 안타깝게도, 결혼은 이런 로망이 전부가 아니다. 순탄하지 않다는 건 (결혼하지 않았더라도) 누구나 아는 진리다. 정말 매일 밤 잠이 들 때까지 머리를 만져 줄지도 의문이다. 어떤 날은 남자가 먼저 잠들 때도 있을 것이고, 어떤 날은 여자의 머리카락을 다 뽑아버리고 싶다는 생각도 할 것이다.

인생이 결코 계획대로 되지 않는다는 걸 가장 쉽게 경험하게 만드는 것이 결혼생활이다. 두 사람이 결혼을 결정하는 순간에만 순식간에 가슴이 벅차올라 기쁨과 행복을 맛보지만, 얼마간 결혼이라는 여정을 지나다 보면 몇 차례는 크고 작은 실망과 고통과 좌절을 겪는다. 이건 내가, 아니 결혼해본 모든 선배들이 강력히 보장한다! 서로가 이상에 미치지 못하는 현실을 맛보기 때문이다. 밝은 환희와 아름다운 기대를 가지고 출발한 결혼은 이내 어두운 계곡을 지나기도

하고, 매서운 현실의 벽에 부딪치기도 한다. 그래서 결혼은 낭만인 동시에 현실이라고 한다.

낭만으로는 결코 현실을 좋게 만들거나 완전한 만족감을 줄 수 없는 노릇이다. 낭만은 그저 그들이 현실을 자각할 때까지, 그 결혼의 여정을 지속하도록 얼마간 힘을 공급해주는 정도에 지나지 않는다. 그러므로 '결혼은 현실'이라는 말은 결혼이 이념이나 철학은 아니라는 뜻이다. 대신, 결혼은 태도다.

목적지의 이상형과 여정의 동반자

씨 에스 루이스(C. S. Lewis)는《말콤에게 쓴 편지》에서 대부분의 결혼한 아내들은 사춘기 때 꿈꾼 상상 속의 여주인공과 다르다고 썼다. 결혼은 현실이며, 상상과 거리가 멀다는 말이다. 그러면서 그는 놀라운 관점을 제시한다. 결혼은 그 자체가 목적지(destination)가 아니며 여정(journey)이라고.

루이스에 따르면, 두 사람은 결혼으로 더 좋은 곳으로 여정을 시작한 것이지, 이미 정점이나 종점에 이른 것이 아니다. 첫눈에 반했다는 말도 성급하고 맞지도 않다. 여정의 동반자로서 최상이라는 느낌을 받았다는 말이 더 적절하다.

결혼은 '이상형'을 만나 삶을 시작하는 것이 아니다. 그걸 기대하는 사람도 없겠지만, 현실에서 이상형은 없다. 둘은 결혼과 함께 서로를 알아가는 여정을 시작하며, 동시에 그들에게 부여한 삶의 여정을 시작한다. 결혼은 보통 성장과 성숙을 향한 여정의 출발이며, 신자에게는 하나님을 향한 여정 또는 천국을 향한 여정의 출발이다.

우리는 목적지를 선택하기보다 함께 가는 여정을 선택했을 뿐이다. 이상형을 만나 결혼해야 한다는 말은 현실에 맞지 않는 신화요 미신이다. 우리의 이상형은 실생활에서 존재하지 않는다. 이상형을 만난다 해도 일시적이거나 단편적일 뿐이다. 모든 강점에는 그에 맞는 약점이 따르기 때문이다.

마음씨가 곱고 성품이 착하면 모든 사람에게 물러터진 성향을 보인다. 경건한 사람은 율법주의자마냥 사사건건 책임을 물을 수도 있다. 계획적이고 조직적인 사람의 재능은 통제 능력으로 나타날 수 있다. 사실 이것들은 차츰 관계의 양면성으로 성장하면서 균형을 이루어가는 요소가 되겠지만, 분명히 강점과 약점, 장점과 단점으로 느낄 수 있는 것들이다. 따라서 누구든지 현실보다 환상에 더 머물러 있는 사람은 아직 결혼할 준비가 되지 않았거나, 빗나간 과녁을 향해 결혼이라는 화살을 쏠 준비를 하는 사람이다.

알랭 드 보통(Alain de Botton)은 결혼이 위기를 맞는 이유의 대부분이 낭만주의적 결혼관이라는 맹점 때문이라고 말한다. 하지만 인간의 속성이 가지는 허영과 욕망이 만들어낸 슬프고 불완전한 현실을 당연한 듯 받아들인 건 낭만주의가 아니다. 의식의 흐름을 그대로 좇은 모더니즘이다. 결혼의 낭만성 추구는 인간의 속성 때문이고, 낭만적 사랑의 아름다움을 소멸하고 퇴색시키는 문제도 인간의 속성이 만든 결과다. 결혼이 겪는 위기나 그에 대한 치졸한 자기합리화는 오히려 낭만주의 훨씬 전부터 있었다.

따라서 이 책은 결혼의 위기를 극복할 결정적 개념으로 언약을 제시한다. 언약은 결혼의 근본적이며 핵심적인 제도다. 이 중요한 개념이 간과되고 잊혀질 때, 결혼은 위기에 부딪치고 넘어지며 부러진다. 종종 결혼을 계약이나 서약이라는 개념으로 이해하지만, 이것조차 왜곡이고 타협이다. 언약에 대한 이런 잘못된 이해는 결혼을 취약하게 만들고, 실패하게 하는 주된 요인이 된다.

결혼은 계약이 아닌 언약이다

2023년 기준으로 한국에서만 1년에 약 19만여 쌍이 결혼하고 10만여 쌍이 이혼한다. 피치 못할 이유로 이혼하는 경우를 제외하더라도, 이 수치는 결혼하는 남녀가 너무 쉽게 이혼을 결정한다는 인상을 준다. 많은 경우, 결혼을 계약으로 접근한 결과로 보인다. 처음엔 자기의 주관적이고 일시적인 감정에 따라 결정하고 '결혼을 계약'했지만, 막상 같이 살고 싶은 마음이 변하면 위약금 물듯 물건을 돌려주듯 위자료를 물고서 갈라설 수 있다고 생각한다. 하지만 결혼은 물건이나 집을 사고팔 때 법적인 보호를 받기 위해 쌍방 간에 합의하는 계약의 의미를 뛰어넘는다. 결혼을 계약이 아닌 언약으로 이해한다면, 이와 같은 결혼의 풍토는 바뀔 수 있다.

결혼을 언약으로 바라보는 것은 '성경적 관점'으로 이해하는 첫 관문이다. 성경적 관점이란 성경 전체를 관통하는 이해의 틀로서 창조-타락-구속의 관점을 말한다. 나는 알버트 월터스(Albert Wolters) 등의 진지한 신학적 접근은 이 책에서 가급적 피하고, 일반 신자나 평범한 청년들의 눈높이에 맞추려고 했다. 좌우간 이런 성경적 세계관의 조망은 성경뿐 아니라 전체 역사와 인간의 삶 전체에 적합한 것이라고 여겼기 때문에, 결혼도 예외 없이 그 기원과 의미를 창조-타락-구속이라는 성경 패러다임의 조망, 다시 말해 성경적 세계관으로 접근해야 한다고 보았다.

또한 결혼을 언급하는 주요 성경 본문들도 찾아보았다. 하지만 그런 성경을 해석하기란 쉬운 일이 아니다. 결혼에 대해서만 주석을 쓰거나 주해를 하는 것이 아니기 때문에 본문의 내용과 주제를 따라 줄타기를 해야 했다. 다만 말씀의 현실적인 적용이 가능하도록 하기 위해 결혼에 대한 직접적 언급에 해당하는 창세기와 에베소서의 두 부분의 핵심 구절에 그 범위를 한정시켰다.

그에 더해 성경에 나오는 부부의 유형 중 셋을 모델처럼 선정해서 살펴보았다. 아담과 이브는 모든 부부의 대표 유형이라 고민 없이 선정했다. 그리고 구약과 신약에서 각각 한 커플씩 선정했다. 보아스와 룻, 아굴라와 브리스길라다. 짐작하겠지만, 구약의 보아스와 룻은 결혼의 초월적 제도에 해당하는 언약의 모델이고, 신약의 아굴라와 브리스길라는 하나님나라의 삶을 살아가는 도전적 모델이다. 솔직히 이 두 부부를 제외하면 성경에서 자랑할 만하거나 미래지향적이며 제법 괜찮은 부부가 눈에 띄지 않는다. 솔직히 그렇지 않은가? 불륜은 흔하고, 다른 남자가 제 부인을 기웃거려도 자기 살겠다고 몰라라 하던 자가 믿음의 조상이라면 뭘 더 말하겠는가! 단순히 말해 성경에 나오는 대부분의 부부는 우리들처럼 문제투성이들이다. 아니, 어쩌면 그 이상일 수도 있다.

하지만 구약과 신약에서 각각 대표 커플로 선정한 이 두 부부는 성경의 어떤 부부와 비교해도 최소한 조금은 다르다. 이들은 각각 하나님의 언약의 실재성을 믿었고, 하나님나라의 복음 운동에 참여하는 삶을 살았다(이 문장이 이 책의 주제와 결론과 목표를 '스포일링'한 것이다.) 내가 이들을 성경의 대표적 부부의 모델로 소개하는 이유는 이 책을 읽다 보면 생생히 알게 될 것이다.

나는 이 책이 이제 막 결혼을 앞두고 있는 청년 커플이나 결혼생활에 갓 진입한 피라미 부부에게 매우 유익하리라고 생각하며 썼다. 이 책의 내용은 내가 수십 번 넘게 '결혼예비과정'을 운영하거나 주례자로서 결혼예배를 인도하면서, 성경과 현실의 균형잡힌 관점으로 결혼을 이해해 보려고 고민한 노력의 산물이다.

사람들이 삶에 대해 고민하는 시점과 스타일이 대개 그렇듯 시작하기 직전에 제대로 준비하고 배우기보다, 일단 시작부터 했다가 '어디서 무엇부터 잘못된 거지?' 하며 중간 점검을 필요로 할 때가 많다. 하지만 처음부터 알았어야 할 것을 도중에 안다고 해서 나쁠 건 전혀 없다. 오히려 이해가 빨라질 수 있어서 좋을 수도 있다. 만학(晩學)은 결혼에도 얼마든지 적용 가능하다. 그런 점에서 이 책이 산전수전 겪어가며 결혼생활이 무르익은 사람들에게 더 큰 유익을 줄 수 있다고 나는 믿는다.

튜토리얼에 함께해준 이들에게

나와 함께 결혼 세미나 과정을 가졌던 수많은 친구들의 진지한 눈빛이 새삼 어른거린다. 결혼예비과정은 최소 2주에서 6주까지 6-10시간 이상 '튜토리얼'(강의와 대화가 혼합된 방식)로 진행되었는데, 이 책은 가장 최근에 만난 커플과 나눈 내용과 그 방식을 그대로 따라서 썼다. 구어체는 결혼예비과정을 함께 한 그들을 다시 추억하게 만들어줄 뿐 아니라, 당시엔 부족했던 나 자신의 부끄러운 모습도 새삼 돌아보게 해준다. 책에 나오는 주인공 커플 수혁과 은영은 비록 가명이지만, 그들은 진정 여러모로 매력적이고 모범적인 커플이었다. 그들에게 큰 고마움을 전한다.

한참 젊었던 40대 목사 시절, 남포교회에서 30대 청년들을 지도했던 터라 봄이나 가을이 되면 거의 매주 주례를 서곤 했었다. 내가 지도한 청년의 배우자가 될 신랑이나 신부의 이름을 제대로 외우지 못한 채 예식을 진행한 때도 있었다. 그런 경우는 사정상 결혼예비과정을 같이 하지 못해서 그랬을 것이다. 그들에게 미안하고 고맙다는 말을 다시 한번 전한다. 기회가 된다면 그들이 지금은 어떻게 살아가는지 가가호호 가정방문을 하고 싶기도 하다. 이 책이 그들과 그들의 자녀들에게까지 결혼이라는 소중한 주제를 음미하는 데 적잖은 도움이 될 것이라 믿어 의심치 않는다.

아내는 이 책의 모든 내용을 몇 차례나 읽으며 꿰뚫어 이해하였다. 그것들을 성경과 사람 사이에서 이해의 간격을 좁히는(영어라면 accommodate를 사용하겠다) 데 기여했다. 이 책은 그녀와 거의 같이 썼다고 해도 틀린 말이 아니다. 또한 온가족과 함께 나를 격려하며 기도해준 고영은 장로님께도 깊이 감사드린다.

오랫동안 내게 영향을 준 나의 큰형님은 어떤 주제든지 구분하지 않고 항상 나의 사역과 작업을 응원하고 관심과 사랑을 부어주었다. 괴테만큼이나 사색의 세계가 넓고 깊으면서도, 괴테만큼 무신론자인 그는 사랑에 경계가 없다는 걸 기꺼이 보여주었다. 나의 사랑하는 어머니와 함께, 나의 큰형 박향영 님께 이 책을 바친다.

　　끝으로, 아르카의 이한민 대표께 깊은 고마움을 전한다. 그는 최고의 전문성을 갖춘 편집자로, 이제껏 그를 알고 지내며 그를 익히 알고 있었지만, 그건 내가 아는 그의 일부에 지나지 않았다. 그는 마치 오케스트라의 지휘자가 소리를 만들어가듯이, 내용과 구성, 짜임새와 균형, 교정과 전달의 미학을 거의 직관적으로 부드럽게 조율하며 이 책을 만들어냈다. 내가 매우 훌륭하고 대단한 편집자를 만났다는 말 말고 어떤 표현이 가능하랴. 아르카는 내 인생 출판사가 분명하다. 주님께 크게 감사한다. 그럼에도 이 책에 어떤 결함이 있다면, 그건 전적으로 내 책임이다.

파주 작업실에서
박삼영

Contents

우선 인사부터 할까?

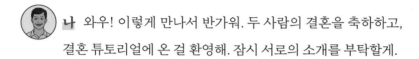

나 와우! 이렇게 만나서 반가워. 두 사람의 결혼을 축하하고, 결혼 튜토리얼에 온 걸 환영해. 잠시 서로의 소개를 부탁할게.

예비신랑 이수혁입니다. 저는 부모님의 사랑을 듬뿍 받고 자란 외동이며, 현재 보험회사에 다닙니다.

예비신부 저는 고은영입니다. 1남 3녀 중 둘째이며, 초등학교 교사로 재직하고 있어요.

나 책임감이 강한 두 사람이 만났군. 언제 어떻게 만났는지, 은영이가 소개해줄래?

예비신부 3년 전에, 어떤 모임에서 지인의 소개로 만났어요.

나 서로에 대한 첫인상은 어땠는지 궁금하네. 둘 중 누가 더 적극적이었어? 언제 결혼하기로 결심했지?

예비신랑 은영이는 신앙도 좋고, 매사에 딱 부러지면서 배려심이 많았어요. 그리고, 음… 예쁘잖아요!

 나 오호! 예쁜 건 그리 오래 못 가지만, 안 예쁘면 아예 안 갈 수도 있지. (웃음) 보통 남자들의 생각이 그렇다고! 그런데 은영이가 예쁜데다 배려심까지 곁들였다면 아주 매력적일 수밖에 없지.

 예비신부 수혁은 듬직하다는 인상을 주었고, 백지에 쓴 글처럼 마음이 순수했어요.

 나 수혁은 '타불라 라사'로군!(tabula rasa : 라틴어로 깨끗한 석판, 흰 도화지) 이러다 혹시 싸움이 날 수도 있을지 모르지만, 두 사람이 서로의 단점을 하나만 말한다면? 은영이부터.

 예비신부 사람이 좋아서 그런지, 분명하고 냉정하게 맺고 끊는 걸 못 하는 점이 있어요. 그래서 별로 중요하지 않은 모임에 붙들리느라 저와의 만남을 소홀히 할 때도 있었죠.

 나 몇몇 장면이 저절로 떠오르는군. (웃음)

예비신랑 은영이는 뭐랄까, 옳고 그름의 기준이 분명해서, 옆에서 보기에 약간 빡센 점이 있어요.

 나 좋게 말하면 이지적이고, 살짝 냉정하게 표현하자면 원칙주의자?

 예비신랑 그래도 저한텐 좋은 점이 되고 있어요.

 나 오오, '빡세지만 나는 좋아요!' 그래, 모든 남자라면 쉽게 이해되는 긍정이지. 두 사람은 왜 결혼할 것을 결심했어? 결혼으로 무얼 기대해?

 예비신부 저는 하나님께서 세워주신 가정을 이루겠다고 생각해왔어요. 가정으로 축소된 하나님나라에 참여하고 싶어서요. 사랑으로 하나된 부부가 나란히 믿음의 결속으로 하나님을 바라봐야 한다고 생각하거든요. 그런데 수혁과 함께라면 그럴 수 있다는 확신을 가집니다.

 예비신랑 살면서 중요한 일일수록 기초가 든든해야 한다고 믿는데, 결혼도 마찬가지인 것 같아요. 은영이와 함께 복음의 기초 위에서 살아간다면, 비바람 거센 세상에서 방향을 잃지 않고 앞날을 개척할 수 있다고 확신했습니다.

 나 연애 기간 동안 싸운 적이 있어? 싸웠다면 몇 차례나?

 예비신랑/신부 우린 싸운 적이 없는데요.

 나 오호, 그럼 안 되는데…. 서로 완벽하게 마음 상할 일이 없었다는 거야? 아니면 마음속으로 차곡차곡 담아둔다는 거야?

 예비신부 한두 번 마음에 들지 않는 일이 있긴 했는데, 곧 인정하고 사과도 해서 싸움까지 갈 일은 없었어요.

 예비신랑 저만 잘하면 서로 싸울 일이 없을 것 같아요. (웃음)

 나 내 은사이신 손봉호 선생님께서는 결혼 주례를 부탁하러 오는 예비신랑과 신부에게 싸워봤는지를 꼭 물어보신대. 그래서 한 번도 싸운 적이 없다는 사람들은 주례를 안 해주신다는 거야. 서로 감정의 경계선을 확인도 하고 용납해야 서로에 대해 더 깊은 이해심을 가질 수 있다는 선생님의 기준 때문이지.

그래서 나도 물어본 건데, 두 사람은 감정을 잘 드러내지 않았나 봐?

 예비신랑 제가 그동안 너무 일방적으로 참았는가 보네요. 한 번 시비라도 걸어서 싸워보겠습니다!

 예비신부 얼씨구?

 나 그러다 수혁이 눈탱이 밤탱이 될지 모르겠네. (웃음) 자, 두 사람이 서로에 대해 전인적으로 이해하길 바라며, 마지막으로 결혼하면 어떤 남편과 아내가 되고 싶은지 말해볼까?

 예비신랑 우리 두 사람이 만나면서 함께 정말 좋은 마음으로 여기까지 왔는데, 이제는 결혼이라는 제도를 이해하고 적응하며 살아가야 한다는 것이 기대도 되지만, 한편으로는 긴장도 되거든요. 그래서 신앙이 삶과 어떻게 조화해야 하는지도 배우고 싶어요. 거기서 은영이는 아내로서 충분히 모범적일 거라고 생각하지만, 저는 남편으로서 부족한 점이 많다는 생각이 들어요. 이참에 그런 것들을 잘 배우고 싶어요.

예비신부 저는 결혼을 막연하게 알고 있어요. 남편과 아내에 대해서도 마찬가지예요. 그래서 바라기는, 수혁과 나란히 성경적 관점의 남편과 아내의 역할과 입장을 알고 실천하고자 해요. 이번 결혼 튜토리얼에 대해 기대하는 점도 그거예요.

 나 그런 기대감을 갖고 있다면 이 과정이 두 사람에게 더 새롭게 숙고하고 도전할 점들을 줄 수 있다고 보여. 좋아, 이쯤에서 우리, 과정을 시작하도록 하자.

·1부·

결혼을 보는 안경부터
먼저 써보자

Marriage
Tutorial

성경 준거틀 :
창조-타락-구속, 언약, 하나님나라

수혁과 은영은 결혼을 3개월 앞두고 나와 함께 결혼예비과정을 가졌다. 첫 시간에 그들에게 성경을 꾸준히 보는지, 결혼과 관련된 책들은 찾아봤는지 물었다. 그들은 성서유니온의《매일성경》을 꾸준히 본다고 했다. 은영은 최근에 팀 켈러의《결혼을 말하다》를 먼저 읽고 수혁에게 넘겨주었다고 했다.

　수혁과 은영은 요즘 젊은이들에 비하면 성경이나 사회적 지식을 꽤나 잘 정리해서 갖추고 있었다. 그렇다고 신학생처럼 전문적이진 않아서, 성경의 압축된 개념을 설명하기 위해서는 가급적 어렵지 않게 신학의 소금기를 쫙 빼고 설명해야 했다. 그들은 정말 스펀지처럼 가르쳐주는 모든 걸 빨아들였다.

나는 군더더기는 빼고, 첫 시간에 성경을 보는 몇 가지 관점부터 소개했다.

첫째, '창조-타락-구속'이라는 세 개념을 하나의 틀(a frame of reference)로 삼아 성경과 사람과 세상을 조망(眺望)하는 것이다.

둘째, 성경 전체를 관통하는 '언약'이라는 개념이 중요하다.

셋째, 킹덤(하나님나라)의 맥락으로 성경을 조망하며 삶을 설계해야 한다.

이 개념들은 각각 중요하지만, 전체적으로 묶어 패러다임을 형성하도록 각 개념들을 통합할 필요가 있다고 설명했다.

두 사람은 이런 말을 처음 들어 그런지, 호기심 어린 두 눈을 동그랗게 뜨고 내 설명이 이어지기를 기다렸다. 나는 첫 번째 창조-타락-구속의 틀부터 이해하기 쉽게 설명할 테니 잘 들어보라고 그들을 격려했다.

…

자, 사람들은 누구나 저마다 세상을 보는 눈이 있어. 개인이나 집단 모두 마찬가지이지. 사람들은 저마다 일정한 관점을 가지고 세상을 바라보는데, 그걸 보통 '세계관'이라고 말하거든. 그런데 우리가 크리스천으로서 '성경적 세계관'을 가지고 살아간다고 할 때, 그건 성경 전체를 관통하는 어떤 관점을 가지고 살아간다는 뜻이야. 그것으로 성경이나 전체 역사, 그리고 우리 자신의 삶을 조망하는 거지. 이런 성경적 세계관을 가지기 위해서는 전체 성경을 꿰뚫어보는 어떤 '준거틀'이 있어야 해.

준거틀(frame of reference)이란 무엇을 보기 위한 통로로서 집 안에서 바깥을 보기 위해 낸 창틀 같은 건데, 학문에서는 '제한과 범위를 둔 기준'이라고 해서 매우 중요한 개념이야. 영어로는 프레임(frame)이나 패러다임(paradigm)이라는 단어를 쓰기도 하지. 이 단어들이 주는 의미의 느낌과 용도는 서로 조금 다르지만 거의 같은 개념이니까, 여기선 번갈아 쓰도록 할 거야.

지금까지 사용돼온 성경의 준거틀로는 앞에서 말한 세 가지 중추 개념을 들 수 있어. '창조-타락-구속', '언약', '하나님나라' 등의 패러다임이 그거야. 이것은 성경을 해석하는 틀일 뿐 아니라 세상을 조망하는 관점으로, 이걸 가졌을 때 성경적 관점을 가졌다고 말할 수 있는 거야.

인간이 주도하는 삶을 너머 하나님의 언약이라는 개념에 비추어 볼 때, 그리고 하나님나라의 삶이라는 관점의 비전을 품고 바라볼 때 결혼의 기원과 의미를 정확히 알 수 있다고 봐.

1부 | 결혼을 보는 안경부터 먼저 써보자

결혼뿐 아니라 성경의 다른 이야기와 주제도 마찬가지야. 무엇이든 성경적 관점으로 조망한다고 할 때는 창조-타락-구속의 관점이나 언약과 하나님나라의 패러다임으로 볼 수 있어야 해. 이런 패러다임은 모두 성경에서 나온 것이며, 동시에 세상 속에서 우리의 삶을 관망하는 안경이지.

　　그러면, 우리가 결혼이라는 주제를 다루려는 이 일에서 '창조-타락-구속'이라는 패러다임을 어떻게 이해할지 먼저 살펴보는 게 좋겠어.

1장

'창조-타락-구속'이 결혼과 무슨 상관일까 싶지?

창조-타락-구속이라는 틀의 중심에는 인간과 세상이 있어. 성경의 모든 구절이나 인간의 모든 역사가 이 패러다임에 갇혀 있다고 보면 돼. 예컨대, 창세기 앞부분에 처음 등장하는 창조의 아름다운 이야기도 타락과 구속의 틀을 벗어날 수 없어. 창조 이야기를 바르게 이해하려 해도, 타락과 구속의 관점으로 동시에 볼 때 제대로 된 이해가 가능하다는 거야. 창조마저 타락과 구속에서 떼어내지 말고 같이 보라는 말이지. 창조는 타락 이전에 일어난

것이지만, 정작 창조 기사는 타락 후에 기록된 것이잖아. 따라서 모든 이야기가 창조나 타락뿐 아니라 구속에도 지배받는다고 보아야 한다는 거야.

왜 창조의 아름다운 이야기조차 타락과 구속의 틀에 묶어 조망해야 할까? 그러지 않으면, 인간은 창조에서 나타난 하나님의 능력과 선하신 의도를 믿지도 받아들이지도 않을 거야. 성경이 하나님의 선하시고 아름다운 창조의 이야기를 기록하지 않았다면, 인간은 타락도 인정하지 않을 게 분명해. 그래서 창세기의 기자가 창조 이야기와 더불어 타락과 구속 이야기를 동시에 기록한 거야. 원래는 세상이 타락의 상태에서 시작하지 않았다고, 인간이 타락해서 이 지경이 된 거라고, 인간의 죄와 그 영향력에 대해 역설적으로 고발하는 셈이지. 성경의 모든 기록과 전체 역사, 그리고 인간의 삶은 다 창조-타락-구속의 패러다임으로 접근할 때 비로소 균형을 가지고 이해하며 해석할 수 있는 거야.

그러면 이제, '창조-타락-구속'에서 첫 번째 개념인 창조부터 생각해볼게.

창조의 하이라이트

성경은 처음부터 하나님이 세상을 창조하셨다고 기록하잖아.

온 우주와 그 안에 있는 모든 것들은 다 그분이 지으신 피조물이라고.

인간도 예외가 아니야. 다른 모든 피조물들처럼 사람도 그분의 선하신 뜻에 따라 목적을 가지고 지음받았어. 수혁이나 은영이도 나도, 우리는 모두 하나님의 피조물이지. 그 점에서 우리가 자신이나 서로를 바라볼 때 아름답고 소중한 하나님의 피조물이라는 사실을 기억하는 것이 중요한 거야. 나는 하나님의 창조물이니까 정말 소중하다, 이런 생각을 해야 한다는 거지. 나만 소중한 게 아니라 다른 사람도 서로 소중히 여겨야 해.

여기서 특별히, 모든 창조 이야기 중에서 인간의 창조를 클로즈업해서 생각해볼 필요가 있어. 인간의 창조가 하나님의 창조 이야기 중에서 가장 하이라이트가 되기 때문이야.

실제로 인간 창조를 말하는 성경 구절을 보면, 하나님께서 다른 모든 피조물들을 창조하신 후에 마지막으로 다른 피조물들과 뭔가 다르게 더 특별히 창조하셨다고 말하고 있어.

하나님께서 왜 인간을 마지막으로 창조하셨을까? 뭔가 더 특별한 의미와 가치와 목적을 부여하시기 위해서였을 거야. 인간이 하나님의 전체 창조 사역에서 면류관 격이라고 할까? 그걸 성경은 인간이 하나님의 형상(imago dei)으로 창조되었다고 말하고 있어.

하나님이 이르시되 우리의 형상을 따라 우리의 모양대로 우리가 사람을 만들고 그들로 바다의 물고기와 하늘의 새와 가축과 온 땅과 땅에 기는 모든 것을 다스리게 하자 하시고, 하나님이 자기 형상 곧 하나님의 형상대로 사람을 창조하시되 남자와 여자를 창조하시고 _창 1:26-27

여기서 주목할 것은 '하나님의 형상'이야. 하나님의 형상대로 지음받은 피조물은 인간밖에 없거든. 그런데 하나님의 형상으로 창조되었다는 말이 무슨 뜻이냐 하면, 인간도 하나님처럼 영적인 존재이며, 하나님처럼 인격적 존재 방식으로 소통하는 존재라는 거야. 하나님께서 인간을 마치 하나님 같은 차원의 본성을 가진 존재로, 하나님을 향해 숨겨진 갈망을 가진 존재로 지으셨다는 거지. 사람들이 알고서 하든 모르고서 하는 말이든, 흔히 인간을 '만물의 영장'이라고 하잖아.

인간이 하나님의 형상을 따라 지음받았다는 건 인간이 다른 피조물들에 비해 탁월하다는 것이고 존엄하다는 뜻이기도 해. 게다가 하나님은 인간을 그렇게 지으시고, 인간에게 이 세상과 다른 모든 피조물을 관장(管掌)하도록 명하셨어. 인간을 모든 피조물의 중심으로 세우시고, 인간에게 세상의 모든 피조물을 다스리는 목적을 부여하신 것이지. 그렇다고 인간이 세상을 마음대로 좌지우지해도 된다는 뜻은 아니야. 인간은 다만 하나님의 대리자(agent)일 뿐이지. 하나님의 뜻과 계획을 파악해서, 세상에서 하나님의 통치를 대행(代行)하는 정도야.

중요한 건 하나님의 형상으로 지음받았다는 것이 어떤 특정한 인간에게 제한되지 않는다는 점이야. 창조 당시에는 아담을 그렇게 만드셨지만 곧바로 하와를 그렇게 만드셨고, 다른 모든 인간도 하나님의 형상으로 지으셨어. 모든 인간이 다 하나님의 형상으로 지음받았으니만큼, 모두가 하나님의 대행권을 위임받은 대행자라고 말할 수 있지.

대행권을 받은 하나님의 형상

모든 인간이 너나 할 것 없이 하나님의 대행권을 가졌다는 이 말은 매우 주목할 가치가 있어. 왜냐하면 고대 사회나 이방 종교에서는 왕만이 신의 권력을 행사하는 대리자인 데 비해, 성경은 모든 인간이 하나님의 대행자라고 말하기 때문이야. 성경은 왕을 포함한 모든 인간이 하나님께서 임명하신 세상의 관리자라 말하고, 모두 왕적 신분과 권위를 가진 존재라고 말한다는 거야. 실로 놀라운 사실이 아닐 수 없지. 이것을 오늘의 시각으로 생각해보면, 권력을 가진 왕이나 군주나 정치가나 돈을 많이 가진 인간들만 하나님의 형상을 가진 것이 아니라, 모든 인간이 다 하나님의 형상을 가졌다는 말이 되지. 물론 여기서 누구를 다스린다는 말조차 전제군주적 입장에서 힘을 휘두르라는 말은 결코 아니야.

그냥 솔선하며 섬기는 민주적 개념으로 이해할 수 있지. 마치 축구선수 손흥민처럼 팀과 팬들을 사랑하고, 존중하며 겸손한 자세를 가져야 한다는 거야.

하나님의 형상이 결코 어떤 특정 인간에 국한되지 않고 평범한 사람들 모두에게 다 있다는 것이 핵심이고 중요한 포인트가 된다는 걸 알아야 해. 하나님의 형상은 지위와 상관없이 모든 인간에게 주어질 뿐 아니라 성별에도 차별 없이 주어진 거야. 남자나 여자를 가리지 않고 모두가 하나님의 형상을 지닌 하나님의 대리자인 셈이지. 모두에게 하나님의 빛나는 광채가 있다는 것이고. 더 나아가, 이 하나님의 형상 개념을 오늘날 선교 현장에 적용해 볼 때, 아직 예수를 믿지 않는 사람들도 예외 없이 모두 하나님의 형상을 지녔다는 사실을 놓쳐선 안 돼. 누구든지 그가 인간인 한, 하나님의 형상을 지닌 존재요 하나님의 대행자인 거야.

인간이 하나님의 형상으로 창조되었다는 이런 인간 이해가 얼마나 중요한지 몰라. 오늘날 세상이 갈수록 비인간화되고 몰인간화되어 야만적으로 치닫고 있을지라도 인간 정체성의 원래 모습을 되찾아야 한다고 생각해. 인간끼리 계급과 계층을 만들어 서로 불평등과 착취를 심화시키거나 성별로 우월과 차별을 조장하고 어느 한쪽을 위해 폭력으로 얼룩지게 하는 문제를 보면, 우리가 어떤 존재인지 잊고 사는 것 같지 않아? 이렇게 어그러진 질서를 보며 사는 것이 어제오늘의 문제는 아니지만, 문명이 발달했다는 현대세계마저 이런 문제로부터 자유롭지 못하다는 건 그야 말로 아이러니인 거지. 그런데 이걸 바로잡을 수 있는 기준이 하나님의 창조에서 발견되잖아. 인간이 하나님의 형상대로 지음받았다는 창세기의 이야기(내러티브)에 귀를 기울인다면 누구나 확인할 수 있지. 우리는 성경이 사람에 대해 말하는 내용을 이해해야 제대로 된 인간학을 세울 수 있고, 그것 없이는 결코 인간사회의 일그러진 상황을 극복할 수 없을 거야.

삼위 하나님께서 인간을 하나님의 형상으로 지으셨을 때 보여주신 평화로운 협력도 우리가 인간사회에서 회복해야 할 중요한 포인트임이 분명해. 삼위 하나님께서 협력하시는 지혜를 우리가 배워 실천하기는 어렵겠지만, 그럴 수만 있다면 삶의 차원이 얼마나 새로워질 수 있겠어! 이것은 우리가 하나님의 형상 의식을 가지고 서로를 대면할 때 비로소 가능할 거야.

하나님께서 세상을 창조하실 때나 인간을 창조하실 때, 분명히 당신의 뜻과 계획과 목적을 가지고 계셨다는 걸 기억해야 해. 하나님은 그걸 우리 인간과 함께 나누기를 원하셔서, 우리를 당신의 형상으로 창조하신 게 틀림없어.

창조의 관점으로 감격하기

자, 이런 창조의 관점을 결혼과 연결시켜 생각해보자고! 먼저 아담과 하와의 만남에 대한 성경의 기록에 주목해야겠지만, 창조의 관점은 오늘 수혁과 은영 두 사람의 만남에도 적용할 수 있다고 봐. (이 책을 보는 당신과 당신의 배우자 사이에도 물론이고.) 예컨대 두 사람이 서로를 볼 때 상대가 하나님의 선하신 창조의 뜻을 가진 소중한 존재라는 시각으로 보아야 한다는 것이지. 그럴 때 서로는 하나님께서 뭔가 당신의 목적을 이루라고 두 사람을 부르신 근본적인 시각을 가질 수 있게 될 거야. 서로를 하나님의 형상이라는 시각으로 대할 때 더욱 아름답고 소중하게 여기며, 하나님의 대리자라는 서로의 직무를 존귀하게 대하게 될 것이고.

성경의 기록에 따르면, 아담이 하와를 처음 만났을 때 이와 비슷한 분위기를 연출해서 보여주고 있지. 아담이 갑자기 시인이 되어버린 거야. 하와를 보고서 감동하여 찬사를 보내는데, 나중에 자세히 살펴보겠지만, 아담이 하와를 보고 아가서의 구절보다 더 경탄스러운 시를 읊었어.

"내 뼈 중의 뼈요 내 살 중의 살이라."

이건 아담이 하와를 자기 자신과 동일시함은 물론이고, 하와가 강할 때나 약할 때나 언제든지 소중하게 사랑하겠다는 고백이기도 해. 아마 우리에게도 이렇게 사랑을 나누는 남자와 여자의 정체성이 새겨져 있다고 봐. 그래서 모든 남자들은 아담이 하와를 보고 감탄한 그때 이후로, 아름답고 소중한 자기 여자를 만날 때 아담이 하와를 보고 고백한 멋진 탄식을 토로하는 버릇이 생겼을 거야.

영국의 엘리자베스 1세 시대를 풍미했던 17세기의 목사 시인 존 던(John Donne)이 '일출'(The Sun Rising)이라는 시에서 사랑을 방해한다고 아침 햇빛을 꾸짖은 것도 아담의 탄식과 비슷해.

"그녀는 이 세상의 전부, 나는 거기의 왕자."

이런 마음이 바로 모든 남자가 자기만의 하와를 맞이하는 기분 아닐까.

던의 이 시를 소개해볼게. 16세기 영시(英詩)라 워낙 번역하기 사나운데, 그래도 내가 직접 다듬어 볼게.

일출

바쁘고 늙은 바보, 제멋대로인 태양아.
왜 그대는 창문과 닫힌 커튼 사이로
초대하지도 않은 우리 연인을 찾아오는가?
그대의 움직임에 사랑에 빠진 연인들이 행동을 맞춰야만 하는가?
건방지고 융통성 없고 바보 같은 태양아, 가서 꾸짖어라!
학교에 지각하는 학동이나 게으른 낌새를 보이는 견습생들,
왕실의 사냥꾼들에게나 왕이 오늘 사냥을 나가려 한다고 전하고,

1부 | 결혼을 보는 안경부터 먼저 써보자

부지런한 품삯꾼들일랑 수확 일에 부르거라.

사랑은 모두 똑같아, 계절도 날씨도 모르는 법.

시간이나 날이나 세월도, 그것들은 단지 시간에 속한 것일 뿐.

왜 그대는 그대의 빛이 그렇게 경건하고 강렬하다고 생각하는가?

내 윙크 한 번으로 그대의 빛을 잃게 하고, 구름으로 대체할 수 있다.

하지만 그녀를 그리 오랫동안 못 보지만 않는다면

그녀의 눈이 너의 눈을 멀게 만들 수도 있어.

보라, 그리고 내일 늦게 확인하고, 나에게 말해주거라.

향이 나는 동인도와 금이 나는 서인도가 너의 떠난 곳에 있는지,

아니면 여기 내 옆에 있는지,

어제 네가 본 왕들에게 물어보거라. 그러면,

그들이 모두 여기 침대에 누워 있다는 대답을

너는 듣게 될 것이다.

그녀는 모든 국가이고, 나는 세상의 모든 군주야. 그밖에는

아무것도 아니야.

왕자들은 다만 우리를 흉내낼 뿐이야. 우리의 사랑에 비하면,

모든 명예는 싸구려 복제품이고, 모든 부는 연금술이 만들어낸 헛것들일 뿐.

전 세계가 이 침실에 응축되어 있다는 점에서,

너 태양은 우리의 반만 행복할 거야.

그대의 나이는 이제 쉴 때도 되었어.

그대의 의무가 세상을 따뜻하게 하는 것이라면,

우리를 따뜻하게 하였으니 그대의 역할은 다 되었지.

여기 우리에게 빛을 비추거라.
이 침대가 너의 중심이고, 이 벽이 태양계의 경계야.

하나님께선 아담과 하와 두 사람 모두를 특별한 존재로 창조하
시고 세상에 두셨을 뿐 아니라, 당신의 선하신 뜻과 목적을 깨닫
고 이루도록 결혼으로 이끄셨어.

수혁과 은영 두 사람도 각자를 창조하신 목적이 전체 피조 세계
의 창조적 맥락에 어떻게 어우러지는지에 대한 관점을 가졌으면
해. 창조의 조망이란 바로 이거야. 서로가 하나님의 소중하고 아
름다운 피조물이라는 인식을 가지고 서로를 대하는 것이지. 서로
를 하나님의 형상으로 지음받은 창조세계의 중심으로 여기라는
거야.

하나님께서 두 사람에게 위임하신 세상 속에서의 소명을 이루
기 위해 서로 협력하고 사랑하며 살아가기를 바라. 이를 위해 하
나님께서는 두 사람이 연합하여 하나가 되라고 결혼을 설계하
셨고, 둘은 이 땅에서 하나님의 대행자요 에이전트로, '하나님의
007'로 살아가는 거야.

1부 | 결혼을 보는 안경부터 먼저 써보자

결혼이 타락하다 ✎

하지만 이런 하나님의 계획이 죄가 세상에 들어오는 바람에 완전히 어긋나 버렸어. 에덴이라는 정원에 뱀이 들어와 생긴 일이야. 성경은 타락 이후에 모든 창조의 질서가 망가졌고, 매사에 왜곡이 일어난다고 말하지. 모든 인간의 삶이 죄의 영향과 타락에 지배받게 되었어. 이런 뒤틀린 현실을 모든 시각에 반영하는 것이 바로 타락의 관점을 가지는 거야. 하나님께서 선하게 창조하신 모든 창조물과 그 모든 피조물의 면류관인 인간이 이제 죄와 타락에 깊이 영향받았다는 걸 인정해야만 한다는 거지. 사람들은 서로 사랑하면서도 완전하지 않고, 매사에 자기중심적이고 이기적이며 미성숙한 성품을 드러내는 존재로 전락했어.

아마도 타락은 창조 직후에서 머지않은 시점에 일어난 것으로 보여. 아담과 하와가 여전히 에덴동산에서 지낼 때였지. 창세기 3장은 처음 죄가 세상에 들어왔을 때 뱀으로 위장한 사탄이 에덴의 하와를 찾아와 선악과를 놓고서 '티키타카' 한 것을 자세히 다루고 있어. 그 내용은 사탄이 하나님께서 먹어선 안 된다고 금하신 금단의 열매를 한사코 권하면서, 그것에 하와가, 사람이 반응하는 거야.

타락을 이해할 때 존 밀턴(John Milton)의 《실낙원》(Paradise Lost)을 참고하는 게 큰 도움이 될 거라는 생각이 들어. 밀턴은 다분히 단테(Dante)식 중세의 세계관을 이어받은 느낌을 주지만, 나름대로 문학적 상상력을 발휘해 성경의 타락 사건을 재구성하는 데는 발군의 실력을 보여주었어. 아마 그만큼 에덴에서 벌어진 타락의 과정을 생생하게 묘사한 문학가도 없을 거야. 실로 장엄한 플롯에 기초한 창의적 해석이었어.

밀턴에 따르면, 하나님께 반란을 저지른 사탄은 지옥에 떨어진 후에도 자존심을 불태우며 저주와 복수심으로 하나님과 영원한 전쟁을 선포하고, 그 플롯의 한 가닥으로 아담과 하와를 타락하게 만들도록 했다는 거야. 밀턴의 문학에 묘사되는 사탄과 지옥은 20세기 작가 씨 에스 루이스(C. S. Lewis)의 《스크루테이프의 편지》(Screwtape Letters)에서도 지속되고 있긴 해.

실낙원이 케케묵은 고전적 냄새가 나긴 해도, 밀턴은 사탄이 광명의 낙원에 몰래 숨어들어 아담과 하와를 염탐하는 모습을 묘사하면서, 사탄 스스로가 봐도 그들의 생활이 너무도 완벽하게 아름답고 행복해 보여 마음이 흔들렸다고 했어. 사탄은 이내 그들의 대화에서 "선악과를 먹어선 안 된다"라는 말을 듣고, 거기서 그들을 파멸에 빠트릴 힌트를 얻어내 자신의 계획을 실행에 옮기기로 마음먹게 돼.

실낙원에서는 사탄이 뱀 이전에 먼저 두꺼비로 위장하고 하와의 귓전에 머무르며 영향력을 행사했어. 잠에서 깨어난 하와는 왠지 꿈자리가 뒤숭숭하다며 아담에게 불평을 털어놓는데, 그건 바로 두꺼비로 변한 사탄이 그녀의 귀에 바람을 살짝 불어넣어 결정적인 유혹에 쉽게 넘어가도록 했기 때문이야.

타락의 범위와 효과

수현과 은영 두 사람은 왜 사탄이 유혹의 상대로 아담보다 하와를 먼저 점 찍었는지 생각해봤어? 생뚱맞은 질문 같지만, 아마도 밀턴의 구도는 나름대로 남자와 여자의 역할을 구분한 것 같아. 아담은 라파엘 천사에게 복잡하고 어려운 천체 우주의 문제를 묻는 등 이성적인 존재로 보이게 한 반면, 하와는 그런 문제에 관심을 가지기보다 꽃을 보러 가거나 연못에 비친 자기의 미모를 확인하는 등 감성적으로 보이게 묘사했어. 밀턴이 보기엔 남자는 성향이 이성적이고 여자는 감성적인 피조물로 구분되어 지음받았기 때문에, 둘이 하나가 될 때 온전한 인간으로서 의지가 발동된다고 여겼던 것 같아. 그가 만든 일종의 문학적 장치이지. 하나님의 창조가 나름대로 조화를 이루며 완전하다는 암시를 주려고 그렇게 접근한 것 같아. 그런 점에서 사탄은 하와를 타락시키기 위해 그녀의 예민한 감수성을 파고든 셈이야.

사탄은 뱀의 몸에 들어가 자신을 위장하고서 넋이 나갈 만큼 아름다운 하와에게 다가갔어. 자신의 목적을 이루기 위해 온갖 찬사와 칭송을 쏟아내며 그녀를 유혹했지. 문학이지만, 두꺼비가 귀에 바람을 넣어 하와는 들을 귀가 매우 취약하게 되어서 선악과를 씹고 말았어. 먼저 선악과를 먹은 하와는 이어서 아담에게도 먹으라고 권유하는데, 아담도 군말 없이 받아먹고 말았지.

그들에게 타락의 효과는 즉각 나타났어. '우주내존재'로서 그들은 자신들과 함께 이제까지 살아온 낙원의 환경에서 압도적인 수치심을 느낀 거야.

우주내존재라는 말은 20세기 독일철학자 마틴 하이데거(Martin Heidegger)가 인간을 '세계내존재'(In-der-Welt-Sein)로 말한 개념에 내가 붙여본 개념이야. 그만큼 인간이 우주의 중심이라는 뜻이고, 인간의 중심성을 기억하라는 것이지. 가령 인간에게 일어난 일은 우주 전체에 영향을 미치고 의미를 가진다는 거야. 타락의 효과의 경우, 어느 개인이나 지역적으로 한 동네에서만 타락에 영향을 받게 된 것이 아니라 인간 모두에게, 지역적으로도 전 우주적으로 영향을 미치게 되었다는 뜻이지.

죄로 인해 이제 인간에게는 사랑조차 음욕으로 바뀌었고, 죄는 그들의 모든 것을 송두리째 바꿔놓았어. 결국 하나님은 그들에게 즉각 개입하셨지. 그들을 당장 에덴에서 쫓아내셨어. 선악과를 먹지 않기로 했던 행위의 언약은 단박에 파기되었고, 그들은 반드시 죽을 수밖에 없는 운명에 놓이고 말았던 거야.

아무리 약화시키려 해도 변함없는 건 바로 타락의 확실성과 그로 인한 타락의 범위야. 성경이 죄의 삯은 죽음이라고 말하잖아. 아담과 하와뿐 아니라 인류의 후손 모두가 이것으로부터 피할 수 없게 됐어. 성경은 죄가 단순히 아담과 하와의 독립된 불순종 정도가 아니라 하나님의 창조 세계 전체와 역사, 인간의 삶의 질서를 전부 파괴했다고 말하고 있잖아.

우리는 죄와 타락의 개념이 창조와 함께 우리 인간 자신과 세계를 조망하는 또 하나의 프레임이라는 걸 인정해야 해. 다시 말해, 인간은 이제 창조의 아름다움과 동시에 타락의 영향 아래 놓인 '구린' 존재라는 걸 같이 봐야 한다는 거야. 창조만이 아닌 타락의 틀도 나란히 조망의 기준이 되었어. 이제 인간은 아름다움과 함께 추함도 지닌 존재가 되었기 때문이지.

결혼에 남은 흔적

타락도 수혁과 은영의 만남과 사귐과 결혼에 적용할 수 있어. 가령 두 사람이 만나 하나님의 아름다운 창조의 목적을 나누며 서로 사랑을 확인하고 평생을 함께하기로 약속하고 결혼하지만, 그게 다가 아니라는 거야. 거기에는 죄의 영향과 타락의 지배도 동시에 받을 수밖에 없어서, 인정하기 싫은 장애물의 작동을 경험하는 셈이야. 이제 창조의 시각만으로 서로를 이해하는 건 부족해. 타락의 안경도 함께 써야 해. 그래야 서로를 둘러싼 세상과 서로의 처지를 제대로 이해하고 해석할 수 있지.

결혼이 현실이라는 말도 이제는 성경적 맥락에서 이해할 수 있는 말이 되었어. 우리는 서로 사랑하기에 결혼하고 함께 아름다운 삶의 여정을 꿈꾸지만, 막상 살다 보면 서로에게 못할짓을 할 때도 있어. 그것도 작정하고 행한다는 걸 경험할 때도 있거든. 이미 연애를 해오는 동안 어느 정도 맛보기로 겪어 봤을 테지만, 한없이 좋을 때도 있지만 깊이 후회하며 도망치고도 싶을 때가 있잖아. 아마도 살다 보면 도대체 내 인생에서 이 여자만큼 나를 화나게 한 사람은 없었다고 생각할 만큼 속이 뒤집어지는 상황을 겪을 수도 있을 거야. 이건 남자 또한 마찬가지일 걸! 오히려 더했으면 더했지 덜 하진 않을 거야. 어떻게 아느냐고? 내가 남자라서 잘 알지. 그러니 우리는 타락의 효과를 결코 무시해선 안 돼. 창조와 나란히 타락의 틀로 삶을 조망하는 것이 반드시 필요해. 우리의 모든 삶의 영역에서 타락의 공격이 우리를 향한다는 사실을 기억하고, 그런 조망으로 우리의 현실을 볼 필요가 있어.

타락의 결과는 즉각적으로 일어났어. 아담과 하와는 선악과를 먹자마자 맨 먼저 눈이 밝아지는 대신 하나님과 분리된 현실을 느껴야만 했지. 죽음의 경험이 시작된 거야. 그토록 친밀했던 하나님과의 관계가 깨졌다는 걸 느꼈을 때, 그들이 취한 행동은 하나님을 피해 숨기에 급급했던 거야. 그들은 죄로 인해 하나님이 두려워졌고, 전과 달리 하나님의 임재 속으로 들어가기보다 하나님을 피하고 싶어졌어.

이제 죽음을 피할 수 없는 처지가 된 그들은 이미 하나님과의 분리를 의식하면서 죽음의 서막을 경험하게 되었어. 하이데거가 간파했듯이, 인간은 죽음에 내던져진 존재로 땀 흘리며 살아가야 하는 신세로 전락했기 때문이야. 그건 단순히 시간이 흐름에 따라 점점 죽음에 가까워지는, 다시 말해 늙어서 죽는다는 말 정도가 아니야. 인간은 이제 태어날 때부터 죽음을 인식하며 살아가는 유일한 존재가 되었다는 뜻이지. 출생과 동시에 죽음이 점점 가까이 다가오는 것을 받아들여야 하는 만큼 비참한 존재는 없는데, 바로 인간이 그런 존재가 되어버렸어. 이런 상황 속에서도 아담과 하와는 서로에게 책임을 전가하기에 급급했어. 이는 오늘날까지 계속되는 부부싸움의 원형이라고 할 수 있지. 아주 꼴불견이고 치사한 모습이야. 그렇게 죄는 치명적으로 유전되고, 광범위하고 지속적으로 그 영향을 끼치게 되었어.

하나님께서는 무슨 일이 일어났는지 아시고, 즉시 남자인 아담부터 진상 파악에 들어가셨어. 남자는 여자 핑계를 대고, 여자는 뱀이 유혹해서 어쩔 수 없었다고 둘러댔어. 하나님은 차례대로 뱀부터 여자와 남자, 그리고 사탄까지 타락에 상응하는 심판을 내리셨지. 이후로 뱀은 필경 땅을 기며 흙을 먹고 살 것이고, 여자는 해산의 고통과 더불어 남편을 주장하기보다 순종하고 사모해야 할 것이며, 남자는 수고하고 땀을 흘리며 일해야 겨우 가족들을 부양할 것이라고, 타락에 개입한 각각의 대상들을 심판하셨어. 세상도 타락의 영향으로 어려워지게 되었고, 비참한 현실을 피할 수 없게 되었지.

여기서 심판 이후의 여자와 남자, 곧 하와와 아담의 관계에 주목해 볼 때, 원래 여자가 리더십이 더 있었던 모양인가 봐. 타락 후 심판의 결과에 따라, 여자가 도리어 남자의 다스림을 받게 되었다고 뒤집어 말하는 거야. 우리말 성경에는 무딘 표현이긴 해도 이렇게 나와.

"네가 남편을 지배하려 들겠지만 남편이 너를 다스릴 것이다."

타락 전에는 아마 여자가 남자보다 좀 더 리더십의 주도권을 가졌다고 주장할 수도 있는 이 구절은 타락 이전의 상태를 더욱 미궁에 빠트리고 말았어.

결혼이 구속되다

하지만, 성경은 결코 비극의 책이 아니야. 오히려 그 반대지. 타락의 영향과 그 범위가 전체 피조계와 피조물에 미쳤음에도, 하나님은 그 타락한 세상을 다시 회복하시기 위해 여인의 후손 메시아를 보내시기 때문이야. 하나님은 타락한 세상과 인간을 완전히 새롭게 다시 창조하는 구원의 역사를 펼쳐 가시기로 했어. 창세기 3장 15절에 나오는 "여인의 후손이 뱀의 머리를 상하게 할 것"이라는 말씀이야말로 대표적인 구원의 말씀이며, 동시에 메시아에 대한 약속이거든. 이 말씀은 메시아가 여인의 후손으로 오셔서 사탄을 처단할 것이라는 하나님의 단호한 구원의 선포이며, 이후 모든 성경은 그 약속이 어떻게 성취되는지를 보여주는 이야기의 전개라고 봐야 해. 창세기 3장 15절을 원시복음이라 하는 건 이러한 이유 때문이지. 보통 복음 메시지라 하면 신약의 복음서를 생각하기 쉬운데, 창세기의 시작점에서 창조, 타락 기사와 함께 구원이 등장한다는 점에서 원시복음이라고 말하는 거야. 바로 여인의 후손 예수 그리스도가 이 땅에 오신다는 약속이라 해서, 최초의 복음 메시지라 하는 것이지. 예수 메시아가 오셔서 하나님과 멀어진 죄인을 불러, 하나님과 화목시켜 하나님의 자녀로 다시 회복하는 길을 마련하겠다는 구원의 약속인 셈이야.

그런 다음, 하나님은 아담과 하와에게 가죽옷을 지어 입히시는데, 최초의 패션이 수치를 가리기 위한 것이라는 점은 매우 흥미롭지. 성급한 사람들은 가죽옷이 제사드린 짐승(양)의 가죽으로 만든 것이라며, 나중에 오실 예수 그리스도의 희생을 상징한다고 한발 앞서 말해. 하지만 가죽옷(털옷)에 사용된 짐승이 제사용으로 사용된 수컷이라는 언급은 없어. 아담과 하와가 죄로 인해 눈이 밝아져 벌거벗은 모습에 대해 수치를 느끼고 있었는데, 그걸 그냥 단순하게 털옷으로 가려주신 거야. 죄는 마구 까발려 노출시키는 것이 능사가 아니라, 적절히 덮어줄 필요가 있다는 것이 성경의 우선적인 의도가 아닌가 해.

천주교에서는 신자들이 어두운 박스에서 사제를 만나 고해성사를 하잖아. 그것도 죄가 너무 수치스럽지 않게 은밀히 덮여지고 통제되어야 한다는 뜻으로 가죽옷의 원리를 이어받은 거래. 그 자체만으로는 아주 고상하고 멋지지만, 뒤에 성사를 붙여 신학을 남발한 것은 아쉬워. 하나님의 가죽옷 패션은 인간의 죄 문제에 대해 뭔가 해결해주시겠다는 강한 의지를 나타내신 것이지.

하나님께서 죄 문제를 해결해주시는 것이 뭐겠어? 바로 구원이야. 그러니까 하나님은 타락에 대해 심판을 선언하실 때 이미 역설적으로 우리 인간에 대한 하나님의 사랑과 은혜를 나타내신 거였어. 우리는 그걸 알지도 못하고 이해하지도 못하는데, 그 이유는 우리의 타락한 속성이 고약해서야. 하지만 만일 우리가 그걸 깨닫게 된다면 하나님과 제대로 화목하게 되어 그런 거지. 하나님의 구속이 우리에게 임한 증거야.

그런데 구속(救贖)은 우리말로 동음이의어((同音異義語))가 있어서 오해하지 않도록 조심해야 해. 흔히 '법적으로 구속시킨다'에서 구속(拘束)이란 구금시킨다는 말이지만, 그와 달리 성경의 구속은 대신 값을 치르고 우리를 죄의 속박에서 해방시킨다는 의미거든. 하나님이 구원을 베푸신다는 말이야. 그런 의미로 성경

1부 | 결혼을 보는 안경부터 먼저 써보자

에서 말하는 구속은 하나님이 우리를 죄 이전의 원래의 상태로 되돌려놓으신다는 뜻으로 보이지만, 사실은 훨씬 그 이상이지! 단순히 우리의 죄 문제가 해결된 정도가 아니야.

1세기 이래 구속을 이해하는 데 매우 적절한 몇몇 그림 이야기가 사용된 적이 있지. 모두 비슷한 원리인데, 첫째는 노예가 자유인이 되는 그림, 둘째는 죽을병에 걸린 환자가 치유된 그림, 셋째는 감옥의 죄수가 사면받아 출옥된 그림, 끝으로 전쟁에서 승리한다는 그림이야. 그중에 구속의 과정을 그나마 쉽게 설명해줄 수 있는 첫째 그림을 약간 자세히 설명해볼게.

예컨대 우리 모두가 죄인이라고 하는 건 죄가 우리의 주인이고 우리는 죄라는 주인에게 종노릇하는 노예라는 등식으로 표현하게 되잖아. 그런데 누군가 노예의 몸값을 주인에게 지불하고 산다면 그 노예의 주인은 이제 값을 지불한 쪽으로 바뀌게 되지. 그런데 노예를 새로 산 쪽에서 그에게 자유를 줘서 해방시켜준다면 그는 이제 자유인이 되잖아. 바로 이런 해방된 노예의 비유처럼, 하나님이 구원을 베푸신 구속이란 하나님께서 죄에 빠져 죄의 노예가 된 우리를 위해 값을 치르고 사신 후에 자유인으로 해방시켜주셨다는 걸 말하지.

'랜섬'과 '쇼생크 탈출'

수혁이와 은영이는 영화 좋아해? 오래전 할리우드에서 만든 영화 중에 '랜섬'(Ransom)이라는 영화가 있어. 아주 부유한 집의 아이를 유괴해 몸값을 요구하면서 어찌어찌 된다는 영화야. 요즘엔 모르는 사람이 거의 없겠지만, 컴퓨터와 관련해서 랜섬웨어(ransomware)라는 말이 있는데, 듣기만 해도 섬뜩하잖아. 랜섬웨어는 일종의 악성코드로 컴퓨터를 감염시켜 장악해버리고, 거기 있는 파일들을 암호화해서 잠가버려. 그걸 풀어달라면 돈을 요구하는 악성소프트웨어를 말하지. 영화 이름이든 컴퓨터 소프트웨어든, 랜섬이란 말에는 모두 '몸값을 지불하다'라는 뜻이 담겨 있어.

영어 랜섬은 값을 지불하고 구속해준다는 뜻의 라틴어 리뎀프티아(redemptia)에서 온 말이야. 라틴어에서 파생된 말 중에 랜섬과 리뎀션(redemption)이 구속이란 의미를 가졌어. 사실 리뎀션이란 말이 라틴어와 더 가깝고, 랜섬이란 말은 불어 랭쏭(rençon)을 거쳐 온 단어라서 리뎀션과 거리가 있어 보이지만, 둘 다 라틴어로 구원을 뜻하는 어원에서 온 건 분명해.

리뎀션이란 말을 사용한 할리우드 영화가 하나 더 있어. 우리말로는 '쇼생크 탈출'로 알려진 영화인데, 원래 영어 제목은 '쇼생크 리뎀션'(Shawshank Redemption), '쇼생크 구원'이야. 정말 대단한 영화인데, 주인공 앤디가 단순히 감옥을 탈출한 것이 아니라 모함으로 잘못 들어간 감옥에서 구원을 얻는다는 서사를 쓴 것이거든. 이 영화가 보여주는 위대한 점은 신학적 주제를 멋진 음악과 함께 다뤘다는 거야. 개인적으로 볼 때 쇼생크를 대단한 영화가 되도록 한 것은 다름아니라 모차르트의 오페라 '피가로의 결혼'에 나오는 '저녁 산들바람은 부드럽게'(Che soave zeffiretto)라는 아리아였어. 도서관에서 이 음반을 발견한 앤디가 문을 걸어 잠근 다음, 전관 방송을 통해 교도소 전체에 이 노래가 퍼지게 하지. 그 때문에 앤디는 독방에 감금당하는 고초를 겪지만, 교도소의 죄수들은 잠시나마 감동과 해방감을 느끼는 거야. 그런 점에서 이 영화는 앤디의 구원만을 말하고 있지 않아. 교도소 이름인 쇼생크에서 탈출하는 건 앤디만이 아니라, 쇼생크에서 자유를 찾는 모두가 구원받았다는 걸 말하고 있어.

성경에서는 구속이라는 주제를 생각할 때 몸값을 지불한다는 의미가 내포되었다는 걸 알아야 해. 하나님께서는 아담과 하와가 타락했을 때, 그 즉시 구속을 약속하셨어. 아담과 하와를 구속하시겠다는 약속은 타락의 영향 아래 놓인 전체 창조 세계를 구속하시겠다는 뜻이기도 했어. 하나님께서는 창조하신 인간과 세계가 타락에 깊이 영향받았다고 해서 그대로 폐기처분하지 않으시고, 오히려 더 새롭게 회복하시겠다는 약속을 주신 거야. 그러니까 구속이란 말은 그냥 새로 창조하시겠다는 뜻이 아니라, 기존의 존재에 새로운 생명과 생동감을 불어넣어 새롭게 하시겠다는 뜻이야. 그래서 구속은 창조와 타락의 관점을 보다 완성적인 차원으로 만들어준 개념이기도 해.

구속의 범위는, 타락의 범위가 전체 피조세계인 것처럼, 창조세계 전체야. 죄와 타락이 전 우주적인 것처럼, 구속도 전 우주적이야. 물론 죄와 타락의 중심이 인간이듯이, 마찬가지로 구속의 중심도 인간이야. 아담과 하와로 인해 피조세계 전체가 파멸되고 타락의 영향 아래 놓였지만, 예수 그리스도로 말미암아 온 세상이 새롭게 구원을 얻고 회복된다는 말이야. 아담의 불순종이 초래한 타락이 전 우주적이었다면, 예수 그리스도의 순종이 가져온 새로운 구원의 범위도 전 우주적인 것이지.

결혼도 이런 시각을 곁들여 바라봐야 하는 거야. 결혼에서도 구속의 틀은 매우 중요하거든. 다른 주제들도 비슷하겠지만, 결혼은 창조-타락-구속으로 조망할 때 보다 온전하고 균형잡힌 관점을 가질 수 있어. 결혼이 제도적으로는 창조 직후에 주어졌을지라도, 타락과 동시에 타락의 영향과 그 심판 아래 놓이게 되었지. 하지만 구속의 약속에 의해 더욱 새로운 차원으로 구속되었다는 것을 잊어선 안 돼.

우리가 창조-타락-구속의 전체적인 과정에서 반드시 기억해야 할 게 있어. 인간이 처음부터 하나님의 대리자로 세워졌다는 점, 인간이 모든 창조의 중심이듯 타락의 중심에서도 주도권을 행사하며 타락에 앞장선 입장이었다는 점, 그리고 하나님의 구속에서도 인간이 그 중심에 놓여 있다는 점 들이야.

그렇다고 해서 이제 인간이 하나님과 같이 되었다는 건 아니야. 인간은 결코 하나님처럼 될 수 없어. 하지만 인간은 자연도 아니야. 인간은 여전히 다른 피조물들과도 구별되니까. 인간은 위대한 창조의 면류관이면서, 동시에 여전히 죄의 영향으로 실망스러운 처지에 있어. 때로는 추악하리만큼 배신이나 살인까지 행하지만, 그럼에도 불구하고 인간은 사랑할 가치가 있는 존재이며 기대할 만한 대상이지. 인간은 하나님처럼 믿음의 대상이 될 수는 없지만, 함께 공감하거나 함께 비전을 품고 협력하며 살아갈 수 있는 최고의 존재야. 하나님이 인간을 여전히 그렇게 보신다는 거야. 그러니 창조-타락-구속의 조망을 우리 삶의 전체 영역에 적용해야 한다는 걸 잊어선 안 돼. 창조-타락-구속의 패러다임이 우리로 하여금 성경과 세상과 인간을 균형있게 조망해주는 가장 기초적인 틀이니까 말이야.

사랑스럽고, 패주고 싶고

결혼해서 가정을 이루고 살아갈 때도 서로에게 창조의 아름다움만 노래하며 지낼 수 없다는 것을 인정해야 해. 한편으로는 남자가 여자를 보면서 섬세함과 부드러운 표현을 경험하고, 여자의 약해 보이고도 아름다운 육체를 보면서 하나님이 창조하신 오묘한 작품과 그 섭리에 감격할 수 있어. 그러면 얼마든지 존중하고 추앙도 하게 되겠지. 하지만 다른 한편으로는 그게 다가 아니란 것도 또한 인정해야 해. 남자도 마찬가지이지만, 여자라고 해서 언제나 아름답고 감동만 주지 않거든. 어떨 때는 게으르거나 고집스럽거나, 불필요하고 바보 같은 일을 반복할 때도 있어. 심하면 마음씨가 삐뚤어져도 한참을 삐뚤어져 '원형대로 복구 불가' 상태로 보일 때도 있어.

그래서 결혼하게 되면 자기 남편이나 아내가 가장 사랑스러운 대상이기도 하지만, 동시에 가장 두들겨 패주고 싶은 대상이라고 말하기도 하지. 그럴 때, 그게 이상한 문제가 결코 아니라는 점을 알고 인정해야 한다는 거야. 타락의 영향 아래 놓여 있는 인간 모두에게 지극히 당연한 상태이고, 어쩌면 정상적인 형편인 점을 알아야 해. 그런 모습을 상대의 약점으로 움켜쥐고 있거나 돌이킬 수 없는 성품이라고 낮춰 보면 안 되는 거야. 이 모든 것은 창조-타락-구속의 틀이라는 관점으로 볼 때 충분히 수긍할 수 있는 것이기 때문이지.

2장

'언약'과 '하나님나라' 관점으로
결혼을 이해하자

결혼의 대전제, 언약

신분당선 양재역에 간 적이 있었어. 지하철에서 내려 위로 올라오는데, 기둥마다 이혼 전문변호사 광고가 즐비하게 붙어 있더라고. 광고마다 친절하게 상담해줄 것 같은 '장나라' 같은 여자 변호사들이 서로 자기 번호를 따 가라며 눈웃음치는 거야. 그 흔한 화장품 광고나 성형외과 광고는 일체 없었어. 이혼의 알파와 오메가를 해결해주겠다는 상담 광고만 있었지. 햇빛은 들지 않지만 밝고 화려한 그곳이 마치 '호텔 델루나'처럼 그로테스크한 인상을 주더라고. 늘어나는 이혼율을 반영하는 만큼 이혼 시장이 확대되고 있는 걸까? 우리 사회의 고통과 맞닿은 또 하나의 장소가 분명하다는 생각마저 들게 했어.

그런데 왜 하필 신분당선이고 양재역일까? 분당-판교 방향에 사는 사람들이 이혼을 선도해서가 아니라, 양재역 바깥쪽에 서울가정법원과 행정법원이 있어서 해당 분야의 전문 변호사들이 마케팅을 집중하느라 그래. 이쯤 되면 이미 결혼이 그렇듯, 이혼도 개인의 선택이라는 것이 우리 시대의 트렌드로 잡아가는 셈이야. 그러니 결혼 정보가 홍수처럼 밀려오듯이, 이혼 정보도 마땅히 점점 많아지는 게 아닌가 싶어.

분명히 이혼이 결혼의 극적인 파탄이고 부정적 결말이지만, 결혼의 위기에 대한 가장 인간적인 해결방식이고, 결혼제도에 무지한 인간의 항거이기도 해. 하지만 결혼에 인간의 결정 말고도 외적인 개입이 있다는 걸 알게 된다면 결혼의 위기를 다른 방식으로 이겨낼 수 있을 거야. 그렇게 되면 이혼의 결말로 이어지지는 않을 거니까. 그 외적인 개입이 바로 '결혼은 하나님과의 언약이라는 대전제 위에 놓여 있다'라는 거야. 결혼은 사람 사이의 계약이 아니라 하나님 앞에서의 언약이라는 것이지. 그러니까 '결혼에는 적어도 하나님이 개입되어 있다'라는 의식을 가져야 해. 그

1부 | 결혼을 보는 안경부터 먼저 써보자

러면 결혼의 위기에 대한 우리의 관점도 달라질 거야. 성경에도 이 언약이라는 개념이 얼마나 중요하게 나오는지 잘 알잖아?

수혁과 은영은 모태신앙이니까, 성경이 약속의 책이라는 걸 익히 들어 잘 알고 있을 거야. 하지만 약속이라고 하면 뉘앙스가 약하게 들리지 않아? 성경이 그저 친구끼리 만나기로 한 약속 정도를 말하는 책은 아니잖아. 그래서 의미는 같을지라도, 기독교에선 약간 고전적인 어감이 있기도 하고 강하게 들리는 언약(covenant)이라는 말을 사용하고 있어.

성경을 구약과 신약으로 나누면서 구약을 옛언약이라 하고 신약을 새언약이라 칭하는 것처럼, 언약은 하나님이 인간에게 하신 약속의 말씀을 말해. 하나님이 주도권을 가지신 걸 강하게 나타내는 말이기도 하지.

참고로, 구약과 신약성경에서는 유언(testament)이라는 단어를 사용해. 언약과 유언, 이 두 단어는 다른 것일까? 구약의 히브리어 언약(베리트)을 칠십인경으로 번역할 때, 언약이라는 쑨쎄케(suntheke) 대신 유언을 뜻하는 디아쎄케(diatheke)를 쓰는 바람에 언약과 유언이라는 말을 겹쳐서 사용하게 된 거야. 이런 복잡한 건 몰라도 되고, 그냥 그런가 보다 하면 되니까 크게 신경 쓸 필요는 없어. 그저 언약이란 말은 하나님과 인간이라는 두 당사자가 동등한 위치에 있지 않은 걸 강조하기 위한 말로 보면 돼. 하나님이 우위에 계셔서 당신의 언약을 우리에게 내려주신다는 뜻으로 보면 될 거야.

인간의 반역과 죄의 교만에도 불구하고, 하나님은 우리와 언약을 맺으시려고 당신 스스로를 낮추어 찾아오셨잖아. 그런 점에서 언약만큼 하나님의 사랑을 잘 드러내는 말도 없어. 우리의 결혼도 마찬가지야. 하나님의 언약에 기초한 것이거든.

결혼의 뿌리

하나님께서 자기 백성들과 체결하신 언약의 공통점을 보면 더 이해하기 쉬울 거야. 예컨대 아브라함과 맺으신 언약이나 출애굽기 19장 이하의 십계명을 포함한 모세와의 언약을 보면 모두 하나님이 주도권을 가지고 계신 걸 알 수 있지. 하지만 그 반대로, 언약의 당사자인 인간은 여전히 하나님의 언약의 파트너가 될 수 없었어. 그럼에도 그들에게 하나님의 언약이 유효한 것은 일방적인 하나님의 부르심 때문이고, 일방적인 하나님의 선언 때문이야. 하나님은 일방적으로 선언하시길 "나는 너희의 하나님이고 너희는 내 백성"이라고 하셨어. 언약의 성격이 일방적이고 무조건적이며, 철회 불가능하다는 점에서 하나님의 개입을 보여주지.

이 말씀은 결혼하는 사람끼리도 "너는 내 거야"라고 말하는 것과 비슷해. 단순히 호주머니에 넣어둔 소유물이 아니라, 언약의

1부 | 결혼을 보는 안경부터 먼저 써보자

파트너로 상대한다는 정도야. 하나님께서 우리에게 그렇게 하시듯이, 우리가 서로에 대해서도 주님이며 동시에 종으로 상대하라는 말이야. 남편과 아내가 서로에 대해 '나는 너의 것이고 너는 나의 것'이라는 생각을 해야 하지 않겠어? 그래야 우리는 집착에 근거해서가 아니라, 서로가 언약에 근거한다는 확신을 갖게 되는 거야.

이와 함께, 우리는 언약 속에 담긴 하나님의 은혜를 봐야 해. 언약 하면 왠지 어기면 안 된다는 율법적 의무감을 먼저 떠올리곤 하는데, 그보다 앞서 죄인을 아무 조건없이 용서하시고 구원하시는 하나님의 은혜를 먼저 생각해야 해. 언약은 우리 인간 쪽에서의 노력이나 조건을 전제로 요구해서 체결된 것이 아니라, 하나님께서 우리를 위해 계획하시고 이루시기 위해 체결해 주신 거야. 하나님께서 우리의 관계에 개입하신 것이지. 특히 결혼을 언약의 기반에서 이해하는 것과 사회적 계약 차원에서 이해하는 차이를 아는 것이야말로 언약에 대한 이해를 확실히 하게 할 거야.

언약과 계약은 서로 완전히 다르다는 것부터 알아야 해. 결혼과 관련해서 두 사람이 겪어온 지금까지의 과정을 한번 생각해봐. 처음 수혁과 은영이 만나 서로 좋은 감정을 가지게 되고 서로의 마음에 옹달샘이 생기며 사랑에 빠지게 되지만, 그건 마치 가슴에 큐피트의 화살이 박힌다느니 하는 두 사람의 감정 흐름을 묘사한 것에 지나지 않아. 두 사람의 인생은 점점 어디론가 목표를 향해 움직이는 여정에 오른 셈인데, 사귄 지 어느 정도 지나면 청혼도 하고 결혼하는 클리세(cliché)에 갇히게 되거든. 이럴 때, 어느 순간 멈추고 정신을 차려서 그때까지의 여정을 돌아보라고 말하고 싶어. 그때 뭐가 보이고 뭐가 떠오르게 될까? 두 사람의 만남이나 모든 관계의 과정에 있는, 완전히 하나님이 맺어주신 혼적들로 놀라지 않을 수 없게 될 거야.

우리는 모두 학교에서 만나거나 누군가의 소개로 만나거나, 교회에서 만나거나 기차 안에서 만났지만, 어느 순간 멈추고 정신을 차려 우리의 믿음을 들여다보면서 고백해보자. 창세 전부터 계획하신 하나님의 놀라운 섭리가 아니고서 우리가 어찌 만날 수 있었으며, 여기까지 어떻게 올 수 있었겠어? 그러니 생각할수록 놀랍기 그지없잖아. 두 사람은 이 말에 동의할 수 있겠어? 동의하는 데 산을 옮길 믿음도 필요없어. 그저 잠시 멈춰서 내면을 들여다본다면, 아마도 내면 깊은 곳에서 엄청난 공명 같은 고백이 들리겠지. 맞아. 하나님의 놀라운 섭리가 아니었다면 두 사람은 결코 여기까지 올 수 없었을 거야. 하나님의 인도하심이 없었다면 결혼할 수도 없었을 거야.

하나님께서 두 사람을 영원 전부터 계획하시고 오늘에 이르기까지 보호하고 인도하셔서 서로의 반려자로 서게 하신 걸 알아야 해. 그 하나님을 우리는 언약에 신실하신 주님이라고 고백하며 감사하는 거야. 두 사람의 결혼은 하나님의 개입 없이는 불가능해. 그래서 결혼은 단순히 두 사람 사이의 계약이 아니라 하나님이 개입하신 언약이라고 할 수 있어.

만일 두 사람의 결혼을 그냥 사회적 계약이라고 가정해봐. 전세 계약이나 인터넷서비스 계약처럼, 계약은 서로 맞는 조건에 의해 성립되는 쌍방의 동의에 지나지 않잖아. 전세로 집을 계약한 다음날, 더 좋은 조건의 집이 전날 계약했던 집보다 싼 가격에 나왔다면 지체없이 해약할 수도 있지. 계약을 계속 이행할 마음이 없다면 손해를 감수하고라도 얼마간 위약금을 물고 계약취소를 하게 되잖아. 요즘 인터넷 회사마다 서로 경쟁하느라 서비스를 확대하고 비용을 대폭 감면해주는 일이 비일비재한데, 한정된 계약기간만 끝나면 얼마든지 서비스회사를 바꿀 수 있는 것도 마찬가지야. 이게 계약의 개념이야.

이런 계약의 개념이 혹여라도 결혼에 영향을 끼친다고 생각해봐. 실제로 오늘날 많은 사람들이 결혼을 같은 방식으로 간주하고 있잖아. 원래 기대했던 필요와 서비스를 배우자에게서 받지 못하는 경우 지체없이 배우자를 바꾸겠다고 생각한다면 얼마나 끔찍한 일이겠어? 성격 차이나 배우자의 부정 등으로 너무 쉽게 계약을 파기하는 빗나간 결과는 결혼을 계약으로 접근한 데 따른 후유증이 분명해.

알랭 드 보통의 결혼 리얼리즘 ✎

결혼은 계약이 아니라 언약이야. 누구든지 누군가로부터, 무엇을 얻기 위한 기대를 채우려고 결혼하진 말아야 해. 부득불 결혼을 통해 생각했던 것을 얻지 못하고 실패와 고난을 겪게 되더라도, 결혼이 하나님의 영속적인 언약에 기초한 것을 잊지 않으면 해. 무엇보다 결혼의 주도권을 내가 아닌 언약의 주인이신 하나님께 맡기고, 그분이 이끌어가시도록 해야 한다는 걸 잊어서는 안 돼.

결혼의 언약을 새롭게 하기 위해서는 지금도 방해꾼들이 에덴 동산에서 뱀이 여자에게 도전했던 것과 비슷하게 질문하면서 다가온다는 걸 기억해야 해. "정말 하나님께서 결혼 언약을 말씀하셨느냐?" 결혼을 위협하며 언약을 위반하라고 부추기는 이런 질문을 받는다면, 그런 질문은 사탄 외에 결코 던지지 않을 거야.

벌써 십수년 전 일이지만, 런던의 인생학교(The School of Life)로 주목을 끈 영국의 철학자이자 문학가인 알랭 드 보통이 결혼 생활에 대해 주목할 만한 말을 했어. 그가 운영하는 인생학교는 매주일 열려서 교회 예배를 벤치마킹한 게 틀림없지만, 인생살이를 배우는 다양한 콘텐츠로 채웠어. 그중에서 결혼이라는 보편적인 관심사를 다루었는데, "결혼이란 자신과 다르게 생각하고 느끼는 사람을 받아들이고 이해하는 과정"이라고 그는 말했어. 그러면서 "사랑을 서약한 사람들은 결국 기이하고 병적인 특권을 들이대며, 결정적인 순간을 직면할 때 모든 게 저쪽 탓이라고 여긴다"라는 거야. 그는 이걸 '사랑의 불합리성'이라고 말했어. 인간의 이기성이 불합리하다고 본 것이지.

알랭이 사랑하고 결혼하는 과정을 간편하게 계약이라고 말하지 않은 것은 아주 기특하고 감사한 일이지만, 그의 말 저변에는 인간 자신의 주도권 또는 우위가 여전히 도사리고 있다는 것이 여전한 사실이야. 그나마 그의 소설 《사랑의 행로》(The Course of Love)에서는 두 사람이 결혼하고 난관을 겪고, 돈 때문에 자주 격정도 하고, 딸과 아들을 차례로 낳고, 한 사람이 바람을 피우고, 권태로운 시간을 보내고, 가끔은 서로 죽이고 싶은 마음이 들고, 몇 번은 자기 자신을 죽이고 싶은 마음이 드는 과정이 진짜 '러브 스토리'라고 결혼의 리얼리즘을 말했어. 그건 그야말로 언약이란 개념의 이해없이 표현할 수 있는, 결혼에 대해 가장 도수 높은 서술이 아닐까?

알랭에게 언약은 너무 무거운 개념일 거야. 어쩌면 이제는 '더이상 그런 거추장스러운 종교적 개념일랑 망각하자'라는 입장이 그런 이들에겐 옳아 보이고 더 솔직한 말일지도 모르지. 하지만 우리는 언약의 패러다임이 우리의 결혼을 이런 세상 놀이에서 벗어나게 해준다는 걸 잊어선 안 돼. 결혼이 두 남녀가 만나 자신들의 의지와 동의로 결정한 것이라 해도, 실상은 하나님께서 맺어주신 거라는 사실을 절대 잊어서도 안 되지. 이것이 언약의 관점으로 결혼을 바라보는 거라고 나는 생각해. 결혼은 두 사람의 부부관계가 전부가 아니고, 거기에는 반드시 하나님도 포함되어 계시니까. 이것이 언약의 관점으로 결혼을 이해하는 거야.

킹덤 조망으로 결혼 보기

언약의 패러다임은 우리의 결혼에 하나님의 개입이 있다는 걸 확인해주고 있어. 그렇다고 하나님께서 우리 모르게 슬쩍 개입하신 건 절대 아니야. 우리가 하나님의 은혜로 믿음의 눈을 뜰 때, 비로소 언약의 시각을 가지게 될 뿐이야. 그래서 자칫 간과하고 말 때가 많거든.

우리가 결혼예식을 하는 이유도 어찌 보면 하나님의 언약을 공적으로 확인하고 공포하기 위함이잖아. 하지만 사람들은 대부분 결혼이 하나님의 언약임을 의식하지 못한 채 결혼 서약을 하고 넘어가곤 해. 이런 점에서 결혼식이 구원과 직접 연관된 행사가 아니라, 개인의 재능이나 직장생활처럼 '일반은총'(common grace)에 속하는 행사가 되어버린 셈이지.

수혁과 은영은 일반은총에 대해 들어본 적 있어? 일반은총은 햇빛이나 비처럼 모든 땅과 사람을 가리지 않고 차별 없이 비추고 내리는 하나님의 선물을 말하는 거잖아. 하나님께서 세상을

1부 | 결혼을 보는 안경부터 먼저 써보자

보존하시기 위해 그런 자연법칙 같은 수단을 주셨는데, 그걸 일반은총이라고 해. 타락한 세상에서 참되고 아름다운 모든 것, 선한 양심과 매일 먹는 양식 같은 것들이 일반은총에 속한다고 할 수 있지. 이것들은 하나님께서 세상을 보존하기 위해 허락하신 것들이라는 점에서 다른 말로 '보존은총'이라고 부르기도 해.

반면에, 예수 그리스도께서 구세주로 세상에 오셔서 구원을 베푸시는 은혜를 '특별은총'(Special Grace)이라고 해. 일반은총이 세상을 보존하기 위한 것이라면, 특별은총은 하나님께서 당신의 자녀들을 부르시고 구원을 베푸시며 영원까지 소명의 여정을 살라고 특별히 주신 은혜야. 특별은총은 신앙이 있어야만 받을 수 있어. 구원에 이르는 믿음으로 얻는 거야. 다른 말로, 하나님나라의 시각으로 살아갈 때 볼 수 있는 특별한 은혜거든.

하나님나라 시각이 생기면 그리스도인의 정체성을 가지고 이 땅을 살아가게 되는데, 신앙인들은 일반은총과 동시에 특별은총을 다 받아서 살아가는 셈이야. 그런 사람들은 자신의 삶을 하나님이 통치하신다고 고백하지.

일반은총만 강조하다 보면 매사를 비신앙의 관점으로 보게 되는 위험이 있는 반면, 특별은총만 강조하다 보면 성(聖)과 속(俗)을 구분하는 이원론에 빠질 위험이 있어. 하나님나라에 대한 이런 오해는 종종 일반은총의 영역과 맞물려 부작용을 낳기도 해.

수혁과 은영은 한 번쯤 서울역 광장이나 명동, 시장, 지하철 등지에서 '예수 천당' 같은 피켓을 들이대며 세례요한 복장을 흉내 내는 허스키 보이스를 들어본 적이 있어? 예수를 믿기만 하면 천국에 간다고 압축해서 전달하는 슬로건도 흥미롭고, 해방 후 거의 70년 넘게 기독교 전도의 어두운 완장 노릇을 해왔다는 점도 정말 대단해. 극단적으로 단순한 슬로건이 뭔가 강력한 내용을 암시해주는 효과가 있긴 해. 하지만 예수를 믿으면 죽어서 (지옥 가지 않고) 곧장 천국에 간다는 위장된 서사는 불행하게도 복음에 불명예를 안겨주곤 하지. 무엇보다 '예수 천당'엔 몇몇 치명적인 함정과 왜곡이 도사리고 있어.

첫째는 천국을 하나님의 통치보다 어떤 장소적 실재로만 이해한다는 점이야. 둘째는 천국을 막연히 죽은 다음에 가는 곳으로 전제하여 내세 지향의 신앙을 강조하고 말지. 셋째는 복음 전도의 전 단계(pre-evangelism)로서 '접촉점'에 대한 고려가 전혀 없다는 점이야.

그런 이유로 이런 유형의 전도는 모순에 빠지고 균형이 흔들리게 될 뿐 아니라, '하나님나라의 시각' 즉 '킹덤 조망'을 문질러서 약화시키고 말 거야. 그렇게 되면 자연스레 이 땅에서의 삶을 왜곡시키고 말 것이거든. 그래서 또다시 강조하지만, 우리는 이런 모순에 빠지지 않기 위해 균형잡힌 관점을 가질 필요가 있어. 하나님나라와 언약에 대한 의식을 고르게 가져야 하는 것이지.

두 언약과, 두 왕국 사이의 결혼

정리하자면, 킹덤 조망을 가지는 건 하나님나라 의식을 가진다는 거야. 그 외에도 '언약신학'이나 '두 언약' 개념, 나아가 루터가 발전시킨 '두 왕국' 개념도 가질 필요가 있어. 전반적으로는 킹덤 조망을 가지는 것이 우선 중요하다고 생각하는데, 언약신학과 아울러 두 언약과 두 왕국에 대해서도 알아보고 지나가자.

언약신학은 성경 전체를 언약이라는 신학적 개념으로 조망하는 거야. 그래서 성경을 아브라함 언약이니 모세 언약이니 다윗 언약 등으로 죄다 구분해서 설명하는데, 언약신학을 이해하려면 '두 언약'을 이해하는 것이 도움이 될 거야.

'두 언약'을 보통 첫째 언약과 둘째 언약으로 구분하는데, 아브라함 언약이 언약의 두 요소가 다 들어 있는 것이어서 예로 들기 좋아.

하나님은 아브라함과 언약을 맺으셨는데, 그 언약의 내용은 자손에 대한 것이야. "네 자손을 저 별처럼 많게 해주겠다"라는 하나님의 약속이 바로 그것이지. 그런데 아브라함이 하나님의 언약을 자기 마음대로 해석하고 적용해서, 결과적으로 하갈과 사라에게서 두 아들을 낳아 버렸잖아.

언약신학에선 하갈 사이에서 낳은 아들을 첫째 언약이라고 불러. 모세가 받은 율법에서 언급된 행위언약과 연결되는 것이어서 옛 언약이라고 부르기도 해. 당연히 사라에게서 낳은 아들을 둘째 언약이라고 부르는 거야. 은혜언약, 또는 새 언약이라고 부르기도 하고. 하갈의 아들 이스마엘이 모세의 행위언약을 상징하고, 사라의 아들 이삭이 은혜언약을 상징한다고 해서, 각각 그렇게 구분해서 부른다고 해. 이건 사도 바울이 신약 갈라디아서에서 정리한 율법과 복음의 두 갈래 해석에 따른 개념이기도 하지.

조심할 건, 옛 언약과 새 언약, 이 두 언약을 이해할 때 너무 도식적으로 구분하진 말라는 거야. 예컨대 옛 언약은 구약에 나오는 것이고 새 언약은 신약에 나온다고 말한다든가 하면 안 돼. 이건 신학적 설명이 더 길게 깊어져야 하는 이야기라서, 궁금하고 아쉽겠지만 이쯤에서 그칠게.

루터의 '두 왕국'도 '두 언약'처럼 '두'(two)가 앞에 있어서 마찬가지 이론 같지만, 조금은 달라. 예루살렘을 말할 때 이 땅의 실제 예루살렘과 예수님이 재림하실 때 보게 될 새 예루살렘을 구분해서 말하듯이, 이 세상 나라와 앞으로 완성되어 올 하나님나라를 구분하여 이해하는 데서 '두 왕국'이란 개념이 나온 것이거든. 우리가 살고 있는 현실 세계는 이 두 왕국이 겹친 나라야. 여기서 나온 개념이 '두 도시'이기도 해. 우리는 바울이 빌립보서 3장에서 말한 것처럼, 두 왕국의 시민권자 또는 이중국적자야. 하늘나라의 시민권자이며 동시에 지상 나라의 시민권자란 말이지.

우리 크리스천은 두 왕국 모두에 깊이 관여된 삶을 살고 있어.

1부 | 결혼을 보는 안경부터 먼저 써보자

이 세상에 살고 있지만 동시에 하늘에 속해 있기 때문이야. 영적인 믿음의 확신을 가지고서 거칠고 육(肉)적인 세상을 헤쳐나가는 삶을 살고 있는 것이지. 두 왕국이 펼쳐진, 현재라는 바다를 항해하는 삶인 거야. 바꿔 말하면, 은혜의 지배를 받음과 동시에 사탄의 유혹과 지배에도 노출되어 있다는 거야.

앞에서 일반은총을 통해 언급했듯이, 하나님의 은혜는 세상 모든 곳에 있으며 교회 안이나 교회 밖에도 다 뻗쳐 있잖아. 마찬가지로 사탄 역시 여전히 하나님나라 안에서 기생하면서 하나님의 선하신 뜻과 피조세계 자체를 왜곡하며 파괴하려 들지. 이 말은 성 어거스틴이 해석한 알곡과 가라지의 비유와 마찬가지야. 그러니 교회는 하나님의 나라의 현현이고, 교회 밖은 사탄의 나라라고 구분해서 생각해서도 안 돼. 이러한 이분법 사고는 균형잡힌 킹덤 조망의 이해가 부족해서 생긴 거야.

여기서 이 책의 주제에 맞게 한 걸음 더 나아가, 결혼한 부부라면 직접적으로 킹덤 조망의 비전을 품고 살아가라고 강조하고 싶어. 하나님은 우리에게, 킹덤 비전을 가질 때 삶의 전인적 통합을 이룬다고 성경을 통해서 말씀하셨거든.

우리는 결혼을 통해 이 세상이 전부가 아니라 영원을 향한 새로운 비전을 품게 되는데, 그게 바로 킹덤 비전이야. 창조-타락-구속의 패러다임이 세상과 그 속의 피조물들의 회복에 초점을 둔 반면, 킹덤 비전은 이 땅에서의 우리의 삶을 새롭게 완성하고 영원과 연결해주는 조망인 거야. 바꿔 말하면, 창조-타락-구속의 거대한 이야기 구조는 이제 우리에게 킹덤을 꿈꾸도록 만들어주고, 우리의 정체성이 흔들리지 않는 영원한 킹덤의 상속자라고 알려주는 것이야. 우리가 개인으로 살고 있을 때도 예수님께서 주님이시지만, 결혼하여 가정을 이루게 되었을 때도 예수님은 우리 부부와 가정의 주님이심을 기억해야 해. 이 땅의 어떤 공동체도 예수님이 주님이시고, 마침내 온 우주적인 하나님나라가 완성되어 영원한 왕이 되실 때까지 주님이시라는 사실을 붙들고 사는 거야.

우리의 결혼이 세상과 달라지는 법

지금까지 살펴본 창조-타락-구속 개념과 새 언약의 갱신, 하나님나라의 도래 같은 패러다임의 중심에는 예수 그리스도가 계셔. 예수 그리스도를 통해 완성된 하나님의 계획과 실천인 것이지. 창조 때부터 아담을 하나님의 대리자로 세우시고 세상을 다스리게 하신 것이 킹덤 프로젝트의 핵심이었던 것처럼, 예수 그리스도의 킹덤 프로젝트 역시 창조 당시의 아담이 받았던 소명이 우리를 통해 새롭게 시도되는 것임이 분명해.

　예수 그리스도는 아담의 소명을 하나님의 창조 목적, 바꿔 말해 세상을 구원하시는 하나님의 새 언약의 계획과 목적에 따라 완전히 성취하셨거든. 따라서 킹덤은 이제 그리스도의 나라(Regnum Christi)야. 구약성경은 바로 이 새로운 킹덤을 세우는 메시아가 어떻게 이스라엘의 역사를 관통해서 하나님나라를 성취해나가는지를 기술한 것이고, 신약성경은 복음으로 드러난 새로운 킹덤의 도래를 증언한 것이지.

그러므로 예수 그리스도께서 그린 큰 그림의 내용과 주제가 킹덤, 바로 하나님나라야. 그렇다고 구약에 하나님나라 개념이 없었던 건 아니야. 얼핏 보면 살짝 비껴가 있었지. 창조-타락-구속이 성경과 세상을 조망하는 일종의 패러다임이라고 했을 때, 하나님나라는 유대와 이스라엘을 뛰어넘어 이 세상을 초월한 하나님의 통치가 온전히 드러난 우주적 범위의 현재적이고 미래적인 킹덤이었어. 하나님나라야말로 예수께서 품으신 비전이며, 제자들이 붙들고 헌신했던 비전의 실체야.

우리가 복음으로 도전받을 때, 우리의 시각과 관점은 끊임없이 하나님의 눈으로 세상을 바라보며 세상에 관심을 가지는 것이어야 해. 그러면 왜곡이 일어나고 부족과 결핍이 발견되는 세계내 존재인 우리 자신과 이웃을 바로잡아 줄 거야.

두 사람도 결혼과 함께 복음의 책임을 새롭게 확인하고, 킹덤 조망으로 삶의 새로운 질서를 꿈꾸고 소망하길 바라. 이제 우리가 살아가는 일상의 자리, 곧 결혼한 가정이 킹덤을 실천하도록 부르신 현장임을 깨닫고, 우리 각자가 킹덤 백성으로서 그리스도의 주권을 선포하는 삶을 살아야 해.

하나님나라 관점이야말로 우리의 결혼을 세상과 상대화시켜주는 동시에, 우상화의 길을 막고 절제하게 해주는 거야. 우리 가정이 킹덤의 도구라는 사실에 감사할 이유이기도 해.

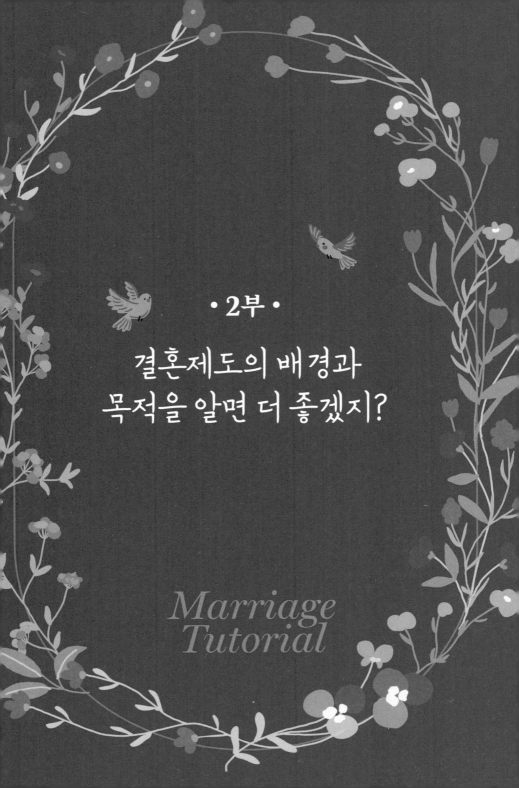

• 2부 •

결혼제도의 배경과
목적을 알면 더 좋겠지?

Marriage
Tutorial

3장

창세기에서 배우는 결혼

하얀 웨딩드레스의 기원

두 사람은 오늘날 결혼예식 때 입는 의상의 기원이 뭔지 알아? 특히 은영이가 입게 될 하얀 웨딩드레스의 기원 말이야. 19세기 중엽에 빅토리아 여왕이 처음으로 입었던 거라고 해.

빅토리아 시대는 대영제국이 '해가 지지 않는 나라'라는 명칭을 얻었을 만큼 식민지를 넓히느라 남성 중심의 군사적 패권주의가

정점에 이른 때였잖아. 이러한 대영제국의 패권주의가 기독교의 전통적 가치와 결합하여 일면 이타적 문화를 빚어내기도 했지만, 더 크게는 기독교의 위선적 교리와 억압적 광기와 맞물려 여성의 순결을 강박적으로 강요하기도 했지. 빅토리아 여왕이 자신의 결혼식에서 하얀색 웨딩드레스를 입은 모습이야말로 그 시대의 모순을 응축해서 보여주는 사례가 틀림없어. 말이 여왕이지, 그래도 왕인데 말이야.

빅토리아 시대 이전의 결혼식에서는 신부가 어떤 색의 웨딩드레스든 개의치 않고 입었어. 스칸디나비아에서는 신부의 드레스 색으로 검은색이 인기있었고, 남부 유럽에서는 파란색이 순결과 고귀함의 상징이었어. 중세 말기에 그려진 아르놀피니(Arnolfini)의 그림을 보면 신부가 그린색 벨벳 드레스를 입고 있는데, 당시엔 그게 일반적이었던 거지.

원래 하얀색은 세례복이나 교회 성가대 또는 성직자의 가운에 맞는 색상이었어. 빅토리아 여왕이 여자의 사회 활동을 억압하고 여자를 집안의 아름다운 천사로 규정하기 위해, 그리고 여자의 순결 이미지를 극대화하기 위해 선택한 색이 하얀색이었던 거야.

영국 사회에서 당대 여성에 대한 이러한 억압과 통제는 샬럿 브론테(Charlotte Brontë) 같은 여류문학가에 의해《제인 에어》(Jane Eyre)에서 다락방에 감금되고 탈출하는 미친 여자 프레임으로 묘사돼 비판받기도 했어. 헨리크 입센(Henrik J. Ibsen)의《인형의 집》(A Doll's House) 역시 현모양처 이미지 속에서 인형에 지나지 않았던 여성의 성장과 해방을 그린 그 시대의 또 다른 결과물이야.

우리나라의 경우 이상적인 여성상를 생각해보면 5만 원 권에 실린 신사임당 초상이 아닐까 싶어. 신사임당은 한량 남편이 밖으로 떠돌 때 율곡을 포함한 일곱 자녀를 혼자 키우며 사군자 등 그림과 시에 능한 현모양처의 귀감을 보여준 훌륭한 어머니였지. 하지만 그건 어디까지나 말 그대로 이상적이지 현실은 아니야.

요즘이 어느 때라고 현모양처상을 기대하거나 빅토리아 시대의 가부장제를 꿈꿀까? 남녀평등을 넘어 동등성에 균열이 생겨날 이런 이슈들은 모두 쓰레기통에 넣기로 하고, 우리들의 결혼 현실에 대해 계속 살펴보기로 하자.

신부는 왜 아버지 손을 잡고 입장하게 된 걸까?

아마 다른 결혼예식도 마찬가지겠으나, 수혁과 은영의 경우에도 결혼식의 꽃이며 하이라이트는 신부가 아버지의 손을 잡고 입장하는 순서일 거야. 그때 모든 하객은 자리에서 일어나 식장 복도를 따라 들어오는 신부를 보며 박수를 치지. 신부가 아버지의 에스코트로 단상 앞에 이르면 이미 입장해 있던 신랑이 몇 걸음 마중 나와 신부 아버지에게 꾸벅 인사를 건네. 그리고 신부를 '인수인계'해서 데려감과 동시에, 결혼예식은 새로운 국면으로 전환되잖아.

그런데 얼마 전 결혼 전문지에 충격적인 글이 올라왔어. 결혼을 앞둔 어떤 신부가 결혼식 준비 막바지에 자기는 아버지 없이 혼자 입장하겠다고 해서, 그녀를 10살 때부터 키워준 새아버지가 크게 상처받았다는 거야. 새아버지 입장에서는 아빠로 대접받기는커녕 존중받지도 못해 서운하고, 개인적으로 자존심이 많이 상했다고 호소했어. 결국 신부는 새아버지라서 에스코트를 거절한 것이 아니라는 설명으로 가족 간의 불화를 최소화했고, 신랑과 함께 나란히 입장하는 원래의 생각을 관철시켰다는 거야.

요즘 결혼식에선 신부가 아버지에 이끌려 신랑에게 넘겨지는 풍속이 점차 사라지는 추세야. 남녀동등을 훼손하는 가부장의 강한 이미지가 엿보이기 때문이지. 그 새아버지만 아니라 친아버지들도 비슷하게 서운한 감정을 호소하게 되면서, 하객 수를 줄이는 스몰웨딩이나 각자의 개성을 살리는, 새롭고 다른 형태의 결혼식 트렌드가 점차 개발되고 있는 중이야.

하지만, 비록 전통적인 신부 입장에서 성차별적인 프로토콜이 뚜렷하게 나타난다 할지라도, 신부 입장의 원래 의미는 창세기 2장 22절의 그림에 따라 신부가 아버지에게 인도되어 신랑에게 넘겨진다는 말씀의 취지를 따른 것으로 볼 수 있어.

"여자를 만드시고 그를 아담에게로 이끌어 오시니."

이 구절은 하나님께서 하와의 친정아버지처럼 나타나셔서 움직이시는 모습을 보여주지. 마치 결혼식장에서 딸을 신랑에게로 이끌고 오시는 모습 같지 않아?

창조 당시에 하나님은 여자(신부)를 지으신 후 아담(신랑)에게 이끌고 오셨어. 이건 페미니스트들의 주장처럼 여자를 남자의 부속물처럼 지으셨다는 말이 결코 아니야. 여자는 남자가 기뻐하는 대상이었어. 여자가 남자의 한 부분일 수는 있어도 종이나 심부름꾼은 아니거든. 다만 발생학적으로 여자가 남자의 갈빗대를 취해서 만들었다는 의미야.

남자와 여자가 정말 동등한지는 질문의 맥락에 따라 다르게 답할 수 있어. 육체적으로 볼 때 여자를 약한 그릇으로 이해할 수 있을지라도, 경우에 따라선 남자를 패대기칠 수 있는 여자도 있다는 걸 우리가 알잖아. UFC 여자 선수가 밤에 길을 가다가 남자에게 성희롱당했을 때 반쯤 죽여 놓은 이야기가 뉴스에 나오는 걸 보거든.

평등하다는 말은 은근히 이념적이라는 걸 알아야 해. 하지만 남자와 여자는 많은 점에서 평등하지. 그들은 똑같이 하나님의 형상으로 지음받았고, 도덕적 의무나 사회적 책임도 평등하게 짊어지거든. 하나님의 은혜를 받을 때도 남자나 여자가 평등하게 받고, 예수의 피로 용서받고 구원받는 것도 평등해. 하나님나라의 관점에서도 영생과 킹덤을 유업으로 받는 것이 평등해.

창세기 2장의 결혼제도에서 22절과 함께 살펴볼 것은 24절 말씀이야. "이러므로 남자가 부모를 떠나 그 아내와 연합하여 둘이 한 몸을 이룰지로다."

이 말씀에서 '둘이 한 몸이 된다'는 구절은 결혼의 목적을 이룬 결과를 나타내는 말이야. 하나님께서 설계하고 의도한 결혼의 목적 자체가 둘이 한 몸이 되는 거니까 남편과 아내 사이의 영속적인 결속을 봉인하는 결혼의 원래 목적을 표현한 말이기도 해.

예수님도 바리새인들과 이혼에 대해 논쟁하실 때 남편과 아내의 이런 하나됨을 언급하신 적이 있어. 하나님은 창조 때부터 남자가 부모를 떠나 여자와 하나가 된다고 하셨어. 예수님은 창세기의 이 말씀을 인용하시며, 둘이 한 몸이니 하나님이 짝지어주신 걸 누구도 나눌 수 없다고 하셨지. 하나님이 설계하신 이상적인 결혼의 목적은 나눌 수 없는 독점적 연합이야.

신랑에게 신부를 맡긴다는 이미지는 아예 지우는 게 좋아. 신부는 신랑에게 맡겨진 수동적 존재가 아니거든. 여자가 남자에게 맡겨져 보호나 받는 그런 존재는 아니잖아. 자꾸 그런 방향으로 가면 질서가 세워지는 게 아니라 무너지고 말아. 문명이 더딘 이유가 이런 가부장제의 폐해 때문이라고 할까?

이건 동양이나 서양이나 마찬가지야. 영국의 경우 20세기 초까지만 해도 여자는 기독교의 이름으로 재산권조차 가질 수 없었지. 남자에게 관리와 부양의 의무를 다 넘겨줬어. 이건 잘못된 것이지. 남녀평등의 문제는 둘째치고라도, 창조와 결혼제도의 질서를 무너뜨리는 오류가 있는 거야. 하나님은 아담에게 하와의 부양을 맡긴 게 아니라, 오히려 아담을 돕는 배필로 하와를 세우셨어. 이게 창조의 존재론적 질서야.

하나 더 생각해 볼 것은, 결혼식 때 신부의 아버지가 신부를 에스코트해서 신랑에게 인도하는 복도를 버진 로드(Virgin Road)라고 말해온 거야. 이건 영어의 전통이라기보다 일본식 영어번역이 만들어낸 잔재야. 이런 이름이 붙여진 것 역시 동양이나 서양을 가리지 않고 신부에게만 순결을 요구한 문화 때문일 거야. 참 어리석고 그릇된 문화 잔재가 틀림없어. 그렇다고 순결할 필요가 없다는 말은 결코 아니지만, 남녀차별만큼은 깔끔히 청소해야 할 역사적 퇴적물이 틀림없어. 신부의 아버지가 딸을 사위에게 데려다주는 것과 하나님께서 하와를 아담에게 데려오신 것은 평행적인 의미가 있어 보이지만, 실상의 의미는 많이 다르기 때문이야. 하나님께서 하와를 아담에게 데려다주신 것은 맞지만, 결혼 이미지에서 남자와 여자의 동등한 위치 또는 어느 한쪽의 소유로 생각해선 안 된다는 것이지. 하나님은 아담과 하와 두 사람에게 결혼이라는, 질적으로 동등한 가치를 가진 위대한 선물을 주신 거야. 결혼식은 실로 아담이나 하와 모두에게 은혜의 순간이 분명해.

2부 | 결혼제도의 배경과 목적을 알면 더 좋겠지?

여자라는 이름에 숨은 비밀

여자라는 이름 또는 명칭은 아담이 아내라는 뜻으로 지어준 거라고 성경에 나와.

> 이것을 남자에게서 취하였은즉 여자라 부르리라 _창 2:23

하나님이 아담을 위해 돕는 배필을 지으시는데, 아담을 깊이 잠들게 하신 후 그에게서 갈빗대를 취하여 여자를 만드시고 그에게 데려오시니, 아담이 여자라고 이름을 붙여준 거지.

원래 아담은 이름 짓는 재능이 탁월했던 모양이야. 어떤 것이든 그가 이름을 지어 부르면 그것의 이름이 되었다고 해.

이름이라고 하니까 노자의 도덕경 1장의 구절이 떠오르는데, '도가도 비상도 명가명 비상명'(道可道 非常道 名可名 非常名)이란 문구야. 이걸 짧게 풀어보면 대략 이래.

"도를 도라고 말할 수 있다면 그것이 어찌 영원한 도라 할 수 있겠으며, 무엇이든 이름을 지어 부를 수 있다면 어찌 영원한 이름이라 할 수 있겠는가."

노자와 달리, 아담은 무엇이든 이름을 지어 부르기만 하면 그것의 항구적인 이름이 되었어. 그는 자기가 볼 때도 아름답고 사랑스럽기 그지없는, 하나님이 데려온 반려자에게 여자라고 이름을 지어 불렀어. 여자라는 이름은 나중에 보통명사가 되고, 타락 후 그 여자의 이름은 하와(이브)가 되었지만, 아담이 여자라고 지은 이유를 찾기가 쉽지 않은 것도 사실이야.

여자라는 이름이 히브리어로 발생학적 추론이 가능한 건 아주 흥미롭지. 여자는 히브리어로 이솨(ishaha)인데, 남자가 이쉬(ishi)이니까, 그냥 남자에 여성형 어미 하(ha)를 붙여서 부른 셈이야. 히브리어로 여성형 어미 '하'는 문법적으로 '방향격 조사'라는 또 다른 기능도 가지고 있지. 그러니까 문법적으로 이솨에 붙은 '하'는 여성형 어미인 동시에 방향격 조사의 기능도 있다는 거야.

방향격 조사는 아직도 여자의 영어 스펠링과 독일어 스펠링에 그대로 남아 있어. 예컨대 영어로 남자는 맨(man)이고 여자는 우먼(woman)인데, 여자인 우먼 앞에 붙은 접두어 우(wo-)는 고대 독일어 보(wo-)에서 온 것으로 영어에도 남게 되었어. 모두 방향, 즉 어디(where)를 뜻하는 말이지. 여자라는 이름 이솨를 방향격 조사로 볼 때, 하나님께서 남자에게서 갈빗대를 취해 여자를 만드셨다는 발생학적 의미로 해석되거든.

이솨에는 여자가 어떤 방향에서, 또는 어떤 방향으로 지향(intention)한다는 뜻이 담겨 있어. 바로 남자인 거야. 그러니까 방향성 또는 지향이란 말을 조금 어려운 철학적 표현으로 보면 여자가 남자를 지향하는 존재라는 뜻을 가진다고 볼 수 있지. 이 말을 상상력을 동원해서 읽어본다면 여자의 행복은 항상 남자를 바라볼 때, 달리 말해서 남자(남편)를 존경할 때 완전한 존재로 선다는 거야. 여자라는 이름 자체가 남자를 쳐다보는 존재라는 뜻도 있고, 남자를 사모하고 존경하도록 지음받은 존재이기도 한 거야. 우스갯소리 같지만, 성경대로라면 짝사랑은 남자가 하는 게 아니라 여자가 한다는 거야. 수혁과 은영은 어때? 누가 더 지향하고 기다리는 것 같아? 여자인 은영이가 남자인 수혁을 더 바라보는 것 같아? 아니면 그 반대야? 어느 쪽이라기보다, 둘 다 같은 지점에서 만나는 게 좋겠지.

히브리어 여자에 해당하는 이솨는 아내라는 의미로 아담이 지어준 이름이라고 했잖아. 사람이라는 말이 남자와 여자 모두에게 주어진 이름이라 한다면, 남편과 아내에 해당하는 남자와 여자는 이쉬와 이솨로 보면 돼. 우리가 종종 아담의 아내 이름으로 부르는 하와라는 이름은 타락 이후인 창세기 3장 20절부터 등장하는 새로운 이름이고, 영어식 이브(Eve)는 하와라는 이름이 헬라어와 라틴어를 거치며 생겨난 발음 변화로 불린 이름이지.

아담은 어원적으로 볼 때 히브리어로 '붉은 흙'이라는 뜻의 '아다마'에서 온 흙의 남성형이야. 영어로 사람을 뜻하는 맨(man, men)으로 보면, 아담은 인류 전체를 대표하는 대명사라는 점에서 여자도 포함되지. 아담이 흙의 남성형으로 쓰였을 때는 역시 남자를 가리키고, 또 개인 아담을 뜻하기도 해. 그런데 맨(man)의 기원을 보면 히브리어 아다마(흙)라는 어원과 연결되거든.

다른 출처를 생각해볼 수도 있는데, 라틴어로 흙이 휴무스(humus)야. 영어의 휴먼(human)이 거기서 온 것이지. 겸손이라는 휴밀리티(humility)도 흙에서 나왔어. 사람이나 겸손이나 흙의 속성을 가졌다는 말이지. 그러니까 여자나 남자나 인간은 모두 흙의 속성을 가졌고, 인류 자체가 흙에서 나와 흙으로 돌아가는 속성을 가진 존재로서 아담적이라는 걸 명심해야 해. 다시 말해 남자든 여자든 모두 흙이 기원이고, 언어학적 기원뿐 아니라 존재의 속성으로도 흙이라는 것이지. 모든 인간은 남자 흙이냐 여자 흙이냐 하는 구별을 할 뿐이지만, 속성상 동등한 흙이라는 걸 잊어선 안 된다는 뜻이야. 우리는 흙에서 왔고 흙으로 돌아가는 존재야.

'여자를 만든 재료'가 뼈뿐일까

또 하나, 성경이 말하는 여자를 창조한 재료에 대해 주목할 필요가 있어. 하나님이 처음 인간을 창조하실 때 흙을 빚어서 아담(남자 사람)을 지으셨던 반면, 여자를 지으실 때는 아담의 갈비뼈를 취해서 만드셨다고 해. 여자가 남자의 다른 부분이 아닌 갈비뼈로 지음받았다는 사실이 중요해. 여자를 창조하신 목적과 연관이

2부 | 결혼제도의 배경과 목적을 알면 더 좋겠지?

있기 때문이야.

하나님께서는 여자를 지으실 때, 처음부터 남자 옆에서 돕는 배 필로 세우려고 하셨어. 어떤 사람은 '갈비뼈 추출'이 부부 애정을 암시한다고 하지만, 그건 틀린 말이야. 히브리적 사고에서 감정 과 애정은 간이나 신장이나 내장에 있고, 사고 과정은 심장에 연 결되거든. 따라서 갈비뼈를 애정으로 접근하는 것은 셈족의 관 점을 따랐다기보다 서유럽의 관점을 따른 해석인 거지. 물론 갈 비뼈는 머리에 비하면 우월하지 않고 발에 비하면 짓밟힐 정도로 하위에 있지 않으니 동등하다는 이미지를 주기도 해. 더 정확히 는 남자와 동등하게, 나란히 존재한다는 의미가 훨씬 더 설득력 이 있지.

갈비뼈를 하찮게 여기는 문화권에서는 종종 이상야릇한 기준 이 만들어지기도 해. 청교도 시대에는 여자를 때릴 때 엄지손가 락보다 가는 막대기로 때려야 한다는 법칙이 있었어. 그들은 그 걸 엄지손가락 법칙(rule of thumb)이라고 불렀는데, 영국이란 나 라가 성문법이 아닌 불문법이 지배하는 나라이니 이런 법을 뭉뚱 그려 '경험의 법칙'이라고 부르기도 해. 어쨌든 여자를 매질하는 관습이 다반사다 보니 "여자의 볼(뺨)은 주먹이 아닌 입술을 위해 만들어졌다!"라는 계몽운동까지 벌일 정도였어. 이런 이야기를 들으면 청교도가 성경 시대의 바리새인 같다는 생각을 지울 수 없어. 동등하다면 권위니 뭐니 들이댈 이유가 뭐가 있겠어? 여자는 남편의 권위를 빼앗거나 지배하지도 않지만, 그렇다고 멸시당하거나 지배받아야 하는 존재도 아니잖아.

사실 여자가 아담의 갈비뼈를 취해 만들어졌다는 성경 구절을 보면, 이 갈비뼈란 용어만큼 대충 번역한 단어도 없어. 갈비뼈로 번역된 히브리어 첼라(tzela)는 원래 갈비뼈를 뜻하기보다 그냥 측면(side)이라는 의미에 더 가깝거든. 예컨대, 하와는 아담의 갈비뼈 하나가 아닌 전체 몸의 측면에서 나왔다고 보는 게 더 맞는 번역과 해석이 아닌가 해. 다만 지난 2500년 넘게 갈비뼈라는 단어로 알려져 오던 문화적 관성 때문에, 이렇게 새로운 주장을 한다는 것이 여간 어려운 일이 아니네.

아담이 마치 '노래 중의 노래'(빼어난 노래 또는 사랑의 노래인 구약 아가서)처럼 시 중의 시의 구절로 그의 아내를 칭송한 말에 그 단서가 있어. 아담은 하와에 대해 "드디어 이는 내 뼈 중의 뼈요 살 중의 살이로다"라고 감격적인 선언을 했지.

여기서 특이한 점은 뼈만 말한 것이 아니라 뼈와 살을 같이 얘기했다는 점이야. 그가 갈비뼈를 말하기보다, 그의 한쪽 옆구리 전체에서 나온 것을 분명히 언급한 셈이지. 만일 아담 입장에서 하와가 자기 갈비뼈로만 창조되었다면 그녀가 '그의 뼈 중의 뼈'라고만 말하지 않았을까? 하지만 아담은 하와가 자기 뼈와 살로 지음받아 자신의 반쪽이라는 걸 알았고, 그 여자와 함께 결합하여 한 몸을 이루는 것이 하나님의 비전인 것을 깨달았어. 맞아! 남

2부 | 결혼제도의 배경과 목적을 알면 더 좋겠지?

자와 여자의 완전한 반쪽이 다시 하나로 합쳐질 때, 평등과 보완에 대한 하나님의 계획이 성취되는 거야!

이런 논의는 창세기 2장 20절의 돕는 배필에 대한 이해의 차이에서 비롯된 것이기도 해. 돕는 배필은 주로 하나님이 아담 혼자 있는 걸 보시고 그에게 도우미를 만들어주시겠다는 식으로 번역돼왔어. 그러니 남자가 여자를 생각할 때 남자의 도우미 아니면 생활의 파트너 정도로 인식해온 거지.

하지만 창세기 2장에서 사용된 돕는 배필의 히브리어 에셀-케넥도(ezer-kenegdo)는 단순히 도우미 정도가 아니야. 보통 도우미라 하면 청소부나 밥하는 아줌마 정도로 생각할 수 있잖아. 그런데 에셀은 성경에서 하나님에 대해 사용된 용어란 걸 알아야 해. 성경에서 에셀은 주로 '하나님은 우리의 도움이시라', '하나님은 우리의 구원자시라', '하나님은 우리의 보호자시라' 등을 말할 때 사용되었거든.

이스라엘이 적들에게 포위되어 위기에 빠졌을 때 강대국에 도움을 요청했다고 생각해봐. 그 강대국이 누구겠어? 바로 하나님이야. 하나님이 에셀인 것이지. 이 말을 여자에게 적용한다고 해봐. 여자를 단순히 남자의 도우미라고 말하는 건 결코 만족스러운 번역이 될 수 없겠지. 이때의 에셀은 헬퍼(helper) 이상이야. 헬핑메이트(helping mate)라고 하는 것도 말이 안 되지.

그래서 나는 더 과격하게 말하고 싶은데, 창세기의 맥락에서 여자는 남자의 구원자였다고 봐. 돕는 배필이란 남자를 구출하거나 구원하는 도움으로서 여자를 표현하는 말이었던 것이지.

분명히 여자는 남자를 주인 섬기듯 섬기기 위해 창조된 사람이 아니야. 여자가 없었다면 남자는 이야기의 절반에 불과했을 거야. 여자는 독립적이고 자급자족하는 남자를 뒤치다꺼리해주기 위해 보내진 도우미도 아니고, 일하는 남자 전문직의 조수도 아니야. 하나님께서는 창세기 2장 18절에서 명백하게 "여자가 없으니 그 남자의 상태가 좋지 않다"고 말씀하셨거든.

남자를 위해 여자를 창조하신 의도는 그 둘이 하나가 되고 서로 도와서 하나님의 창조 세계를 관리하는 일에 동역자가 되도록 하는 것이었어. 여자에 대한 아담의 반응이 기쁨과 환희였잖아. 하나님께서 자기와 동등한 여자를 데려오심에도 겁을 먹거나 실망하지 않고 감격했던 것이지. 실상은 도우미의 전혀 다른 측면도 있다는 뜻이야. 시편에서도 많은 구절이 "하나님은 나(우리)의 도움이시라"고 하잖아. 그러니까 "하나님은 나의 피난처요 도움이시라"는 말이 가정에서 아내의 정확한 위치이기도 해. 남자는 어릴 때부터 엄마의 품(말이 품이지 치마폭)에서 자라다가, 결혼에 의해 아내 품으로 옮겨간다고 보면 되지.

2부 | 결혼제도의 배경과 목적을 알면 더 좋겠지?

부모를 다시 보지 말란 건 아니야

수혁과 은영은 언제 처음으로 부모를 떠난 적이 있어? 있다면 언제였어? 떠난다는 말은 물리적으로 따로 산다는 의미도 있지만, 훨씬 근본적으로는 두 사람의 결합을 위해 부모로부터 독립한다는 뜻이야. 창세기 2장 24절이 그걸 말씀한 것이거든.

"이러므로 남자가 부모를 떠나 그의 아내와 합하여 둘이 한 몸을 이룰지로다."

하나님께서 여자를 아담에게 이끌고 데려가 주신 다음, 남자가 부모를 떠나야 한다고 말씀하신 거야. 이 말씀은 하나님이 제정하신 결혼의 절차인 셈이지.

여기서 특이한 점은 여자가 친정집을 떠나 남자(시댁)에게 시집간다고 말하지 않는다는 거야. 성경은 분명히 남자가 그의 부모를 떠나야 한다고 했어. 이는 거듭 강조해야 할 만큼 중요한 구절인데, 떠날 사람이 의외로 남자라는 거야. 남자가 아버지와 어머니를 떠나는 것이지.

남자가 아버지와 어머니를 떠난다는 말이 그렇다고 다시는 안 볼 각오로 멀리 떠난다는 건 아니야. 새로 결혼하는 새 가정은 부모와 멀리 떨어진 지역으로 이사해야 한다는 말도 아니지. 다만 남자의 상황과 환경이 변화되어야 한다는 말이야. 이제 남자의 가족관계에서 모든 걸 나누며 살아갈 밀접한 대상이 더 이상 아버지와 어머니가 아니라는 뜻이고, 새롭게 가정을 구축할 배우자에게 모든 초점을 맞춰야 한다는 뜻이야.

이 문제는 가족주의가 발달한 한국 문화권에서는 의외로 민감한 주제가 될 수 있어. 생각보다 힘든 말이기도 해. 특히 자녀를 쉽게 떠나보내지 못해서 오랫동안 심리적이고 감정적인 트라우마가 남아 있는 아버지와 어머니의 한숨 소리가 파도를 이루는 것도 현실이거든. "내가 너를 어떻게 키웠는데", "키워봐도 다 소용없어", "너 같은 자식 딱 하나만 낳아봐라" 같은 드라마 대사를 현실에서도 종종 듣잖아.

문제는 부모들도 부모로부터 제대로 떠나온 적이 없기 때문에 성경적인 가족문화를 정립하지 못한 것 같아. 아버지나 어머니 입장에서 아들에게 영향력을 행사하려는 가족문화의 잔재는 명백히 성경적이지 않다는 걸 알아야 해. 부모를 떠나는 남자 입장에서도 오랫동안 부모라는 보호자 아래에서 살다가 새롭게 독립하는 결혼의 현실이 낯설고 두려울 거야. 그럼에도, 이제 결혼으로 사랑과 관심을 주고받으며 충성해야 할 대상은 더 이상 부모가 아니라 아내라는 사실을 기억해야 해. 결혼하면, 두 사람을 기초로 새로운 가정을 세우기 위해 옛 건물에서 완전히 벗어나라는 거지.

남자가 부모를 떠남과 동시에 아내와 결합하여 둘이 한 몸을 이룬다는 창세기의 결혼 구절은 예수님의 말씀을 기록한 마태복음

19장과 바울의 에베소서 5장에서 다시 인용되었어. 주님은 "이건 하나님께서 친히 하신 말씀"이라고 하시면서, 바리새인들에게 "하나님의 결혼주례사를 읽지 못했냐"고 물으셨지. 그에 덧붙여 "하나님이 짝지어주신 두 사람을 사람이 갈라놓을 수 없다"고 하셨어. 두 사람이 결혼으로 영구적인 결합을 이루었다는 뜻이지. 거기에 사용된 용어도 "단단히 붙잡는다"야. 영원히 함께 붙게 되었다는 걸 보여주는 말이지. 무슨 일이 있어도 떼려야 뗄 수 없는 관계라는 그림 언어야. 실제로 두 사람이 결혼할 때, 예식이 진행되는 동안 배우자와 평생 함께할 것을 서약하잖아. 이런 서약은 언약에 신실하신 하나님께서 두 사람의 결혼에 개입하신다는 클라이맥스이지. 이 점에서 결혼제도는 오랜 세월 동안 그 동기와 내용과 목적이 결코 변하지 않았고, 우리는 결혼에 대한 이런 관점을 그대로 붙들고 유지해야 해.

도마뱀 부부에게 배우는 사랑

1964년이면 벌써 60년이나 됐는데, 그때 일본 도쿄올림픽이 있었어. 일본은 올림픽 스타디움 확장을 위해 비교적 오래되지도 않은 집들을 헐게 되었어. 그 가운데 지은 지 3년밖에 되지 않은 집이 포함된 거야. 인부들은 구역을 정해 철거를 시작했는데, 2층

지붕을 뜯던 중에 못이 꼬리에 박혀 움직이지 못하는 도마뱀을 발견했어. 벽에 붙어 있는데도 살아 있더란 거야. 공사 관계자들이 "이 못을 언제 박았느냐"고 집주인에게 물었더니 "3년 전에 박았다"고 했어. 그렇다면 그 도마뱀은 꼬리에 못이 박힌 채 옴짝달싹 못하고 3년을 살았다는 말이잖아! 너무나 신기해서 인부들은 공사를 중단하고 그 도마뱀을 지켜보기로 했어. 조금 있으니 다른 도마뱀 한 마리가 먹이를 물고 와 못 박힌 도마뱀에게 먹여주는 게 아니겠어? 실로 놀라운 일인데, 이 둘의 모습이 진짜 결혼한 부부의 모습이라고 생각해.

결혼은 그 자체가 하나님의 언약을 상징하는 그림이지만, 둘이 하나 되는 방식으로 하나님이 그들에게 맡긴 소명과 비전을 실천하는 신비적인 제도인 거야. 두 사람이 결혼에 의해 하나된 모습은 육체적으로, 감정적으로, 정신적으로, 영적으로 함께 연합된 모습이기도 해. 둘이 하나라는 말은 서로에게 자기 자신을 완전히 내어주는 모습을 일컫는 말이야. 상대방에게 자기를 완전히 바치지. 그 모습이 하나님께서 원래 결혼을 설계하신 모습이기도 해.

결혼에 의한 남자와 여자의 결속, 즉 둘이 한 몸을 이룬다는 말은 사실 육체적인 성적 결합을 가리키지. 하지만 그것이 의미하는 바는 그리 크지 않고 아주 미미하다는 걸 알아야 해. 남자와 여자는 결혼의 하나됨으로 두 사람의 원래 가족을 뒤로하고, 점차

2부 | 결혼제도의 배경과 목적을 알면 더 좋겠지?

시간이 지남에 따라 하나의 원대한 목적을 가진 새로운 가족을 이루어 세상 앞에 서는 거야. 그동안 그들은 어느새 함께 공유하고 확신한 그들만의 삶의 아젠다를 세상 앞에 내놓게 되지. 두 사람은 부모나 다른 누구에게도 방해받지 않고 각자의 개성을 유지하면서 자랑스러운 가장과 아내로, 서로 붙어 한 몸을 이루어 세상 앞에 서는 거야. 이제 그대들은 서로 의지하고 도우며, 매사의 중요한 삶을 함께 결정하고 공유하며, 서로 배려하고 사랑하며 지내게 될 것인데, 바로 이렇게 '한 몸'이 더욱 되어가는 거야.

4장

에베소서에서 배우는
결혼

결혼이 왜 비밀일까?

신약성경에서 창세기 2장 24절을 인용하는 곳은 예수께서 직접 인용하신 마태복음 19장 5절과 사도 바울이 인용한 에베소서 5 장 31-32절, 두 곳이야.

이러므로 사람이 그 부모를 떠나서 아내에게 합하여 그 둘이 한 몸이 될찌

           2부 | 결혼제도의 배경과 목적을 알면 더 좋겠지?

니라 하신 것을 읽지 못하였느냐 _마 19:5

그러므로 사람이 부모를 떠나 그의 아내와 합하여 그 둘이 한 육체가 될지 니 이 비밀이 크도다 나는 그리스도와 교회에 대하여 말하노라 _엡 5:31-32

마태가 바리새인들이 율법에 대해 완고한 해석을 빙자해서 이혼증서를 남발한 문제를 지적한 것이라면, 바울의 에베소서는 결혼의 비밀에 대한 창조적인 해석으로, 남자와 여자의 결합과 메시아와 교회의 연합을 연결하는 심오한 해석으로 나아간다는 점이 달라.

수혁과 은영은 결혼식 주례자가 가장 많이 사용하는 성경 본문이 뭐라고 생각해? 맞아. 신약성경에 나오는 에베소서 5장의 남편이 어쩌고 아내가 어쩌고 하는 구절이지. 에베소서 5장이 주례사에 가장 많이 사용되는 이유를 꼽자면 바로 남편과 아내 각자에게 가장 중요하고 필요한 권면을 주기 때문일 거야.

아주 흥미로운 점은, 사도 바울이 에베소서 5장에서 결혼을 비밀, 즉 미스테리라고 말하는 거야. 결혼에 대한 그의 새롭고 포괄적인 해석이 담긴 말이기도 하지.

그런데 남자와 여자가 만나 결혼하는 게 왜 비밀이라는 거지? 남녀가 하나로 결합되는 것 때문인가? 남녀는 독립된 두 인격체이지만 결혼을 통해 하나가 되니까 신비롭기도 하겠지. 하지만 그건 다른 피조물도 마찬가지 아닐까? 바울이 말한 비밀이란 남녀의 결합 자체에 초점이 있기보다, 그것이 또 다른 결합 또는 연합과 정확히 일치된다는 점에서 말한 거야. 다시 말해 바울은 남녀가 한 몸이 되는 결혼의 결합이 그리스도와 성도들의 모임인 교회가 한 몸을 이루는 연합과 평행일치가 된다는 점을 가리켜서 신비 그 자체라고 본 거야.

예수 그리스도가 신자들의 영원한 신랑이고, 신자들은 개인으로나 교회공동체로서 신부라는 점에서, 바울이 남자와 여자의 결혼과 교회가 평행된다고 말한 건 말 그대로 신비 이미지가 분명해. 바울이 말한 비밀은 강력한 은유적 표현인 것이지.

바울의 언급에 대해 존 파이퍼(John Piper)는 아주 흥미로운 관점을 제시하고 있어. 이분은 강단에 서면 고개를 앞으로 숙이고 눈은 처진 안경 위로 희번득 치켜뜨며 앞을 응시하고 뭔가 강박적 인상을 풍기는 데다 비교적 좋은 내용을 비호감으로 과격하게 말하곤 해. 신학적으로 워리어-컴플렉스(Warrior Complex)가 강한 분이라고나 할까. 복음적 진영의 학자들에 대해서도 약간 각이 다른 걸 느끼면 여지없이 검을 휘두르는 경향 때문에, 복음주의에 분리주의자 범주가 있다면 거기에 포함되겠다 싶어. 이런 존 파이퍼가 에베소서 5장의 결혼의 비밀에 대한 구절에 대해 이렇게 말했어.

"하나님께서 남자와 여자를 창조하시고 결혼의 결합을 제정하

　　　　　　　　2부 | 결혼제도의 배경과 목적을 알면 더 좋겠지?

셨을 때, 그들이 서로 어떤 관계를 맺을 것인지에 관해 주사위를 굴리거나 빨대를 뽑거나 동전을 던지지 않으셨다. 하나님은 영원 전부터 계획하신 아들과 교회의 관계를 따라 매우 의도적으로 결혼을 계획하셨는데, 그래서 결혼이 신비라고 한다."

하나님께서 사람을 남자와 여자로 창조하시고 결혼을 제정하셨는데, 그건 그리스도와 교회 사이의 영원한 언약 관계를 결혼의 결합으로 구체화되도록 하셨기 때문이란 거야. 그런 점에서 결혼 자체에는 우리가 생각하는 것보다 훨씬 더 큰 의미가 숨겨져 있는데, 그게 바울이 깨달은 원대한 우주적 연합이었어. 그러니 사도 바울은 자기가 그리스도와 교회에 대하여 말한다고 덧붙이고 있는 거야.

그런데 바울이 에베소서 5장 32절에서 말한 큰 비밀(mega mystery)이라는 말은 갑자기 나타난 게 아니야. 비록 바울이 비밀이란 말을 결혼과 관련한 맥락에서 매우 중요한 그림 언어로 사용했지만, 그 비밀이란 단어는 이미 1장 9절에도 나오고, 3장 3-4절에도 나오고, 3장 9절에도 나오고, 심지어 6장 19절에도 나와. 그는 에베소서에서 비밀이란 단어를 일곱 번이나 사용했어. 에베소서라는 책 전체가 비밀에 집중하고 있다고 해도 이상하지 않아.

에베소서의 전체 맥락에서 비밀이란 하나님의 구원계획으로서 예수 그리스도의 복음이란 뜻이야. 이 복음을 통해 머리 되신 예수 그리스도와 그의 몸된 성도의 모임으로서 교회가 서로 연합한다는 것이 비밀이란 점에서 바울은 복음의 비밀을 말하고 있는 거야. 바울이 큰 비밀, 심오한 비밀, 메가 미스터리를 말하면서 곧바로 "그리스도와 교회에 대해 이야기한다"고 말하고 있잖아. 예컨대 그에 따르면, 먼저 자기가 말하는 비밀이 그리스도와 교회를 말하는 것이라고 밝히면서, 그것을 남자와 여자의 몸이 관계를 맺는 신비로운 방식에 비추어 전달한 거야. 하나님께서 처음부터 남자(아담)와 여자(이브)가 한 몸이 되도록 결혼을 제정하여 관계를 맺게 하는 방식도 신비롭지만, 교회를 위해 목숨을 내어준 그리스도의 희생적인 사랑이야말로 신비롭기 그지없다는 거야. 거꾸로 말해서, 남녀의 결혼이 복음의 비밀을 깨닫는 통로라는 점에서도 결혼식은 위대한 하나님의 경륜에 속한 행사라고 할 수 있어.

따라서 바울의 '큰 비밀'이란 말에 비추어 볼 때, 결혼은 남자와 여자 두 사람 사이에서 일어나는 개인적 애정 문제의 귀결 정도가 아니라는 거야. 결혼은 예수 그리스도께서 나와 우리를 위해 행하신 일이 무엇을 의미하는지 공개적으로 선포하는 복음이기도 해. 남녀 두 사람의 사적인 영역이면서, 동시에 그리스도와 교회의 관계에서 확증되는 공적인 문제이기도 한 것이지. 그러니 결혼으로 부부가 된 사람들은 함께 교회를 사랑한다고 고백하며, 교회를 향한 그리스도의 사랑으로, 복음의 선포와 전도까지 참여하고 헌신해야 하는 거야. 얼마나 신비롭고 심오한 가르침이야?

비밀이 분명하지!

시크릿이 아니라 미스테리다 ⌒

캘빈은 자신의 교회론 신학의 아주 중요한 내적 근거 중 하나로 '그리스도와의 신비적 연합'(Unio mystica cum Christo)이라는 용어를 사용했어. 그는 교회라는 말 대신 '먼저 선택받은 사람들의 모임'이라는 다소 해설적인 용어를 썼지. 왜냐하면, 그건 다른 이유가 아닌 '선택적 구원'이라는 그의 신학적 전제 때문이었어.

캘빈의 전체 신학이 그리스도와의 연합에 기초되어 있다는 점에서 그의 교회론도 당연히 그리스도와 신비롭게 연합된, 선택된 사람들의 모임에 기초된 것이지. 바울이 큰 비밀이라고 말한 내용은 남녀의 결혼이 교회와 그리스도의 연합과 너무나 정확하게 평행이 된다는 점이었어. 즉, 남자와 여자가 결혼으로 한 몸이 되는 것이 어쩌면 그렇게 그리스도와 교회가 연합하는 것과 평행이 되는지, 실로 놀라운 신비가 아닐 수 없다는 거야. 이래서 결혼과 복음이 전적으로 하나님께서 직접 계획하신 신적인 제도(Divine Institution)가 분명하다는 걸 알 수 있는 거야.

그런데 창세기의 결혼 본문을 인용한 에베소서 5장 32절에 나오는 '비밀'이란 단어를 주목할 필요가 있어. 바울은 "이 비밀이 크다" 또는 "이것은 큰 비밀이다"라고 말했는데, 여기에 사용된 비밀 또는 신비라는 용어의 번역이 아주 흥미진진해. 사실은 비밀(secret)이 아니고 미스테리(mystery)여서 헬라어로 무스테리온(mysterion)인데, 라틴어 불가타 성경은 성스럽다는 뜻의 쎄크라멘툼(sacramentum)으로 번역했어.

불가타 성경이 번역되던 5세기경의 라틴어 실력은 학문적으로 그리 높은 수준이 아니었어. 심지어 16세기의 에라스무스(Erasmus)가 라틴어 성경 몇 구절을 헬라어로 재구성했는데도 오늘날의 라틴어 기준으로 보면 얼기설기 빗나가는 수준이거든. 그래서인지는 몰라도 불가타 성경의 번역가 성 제롬(St. Jerome)이 그 구절을 번역할 때, 아마도 하나님이 제정하셨다는 의도를 강조하기 위해서 '신비로운 비밀'이라는 뜻보다 그냥 신성하다는 뜻으로 '신성함'으로 번역했던 거야.

오늘날도 많은 사람이 결혼을 신성한 일이라고 자연스럽게 말하는데, 불가타 성경의 번역을 아직도 무비판적으로 받아들여서 그래. 그래서 아직도 우리가 신성함이라는 단어를 관성적으로 받아들여 이해하지만, 성경이 결혼의 비밀을 더 강조한다는 걸 결코 간과해서는 안 돼. 바울은 분명히 결혼의 신성함을 말하기보다 결혼의 신비로운 성향을 더 강조했거든. 바울이 에베소서에서 원래 비밀 또는 신비라는 말을 사용한 의도가 그게 아니었다는 걸, 이제는 알아도 고치기란 쉽지 않나 봐.

이 비밀이라는 단어의 의미는 오늘날까지 널리 영향을 끼치게 됐어. 천주교가 이 번역에 기초해서 결혼을 신성한 일, 즉 성사(聖事)로 보고, 칠성사(七聖事)에 결혼성사(혼배성사)를 포함시켰거든. 로마천주교회가 대단하다고 자부하는 성례신학이 단어의 오역에 기반해 만들어진 심각한 신학적 실수였다는 건 웃지 못할 해프닝이었어. 결과적으로, 결혼으로 부부가 결합하는 것이 그리스도와 교회가 연합하는 거라는 에베소서의 신비적 연관성은 온데간데없이 사라져 버렸기 때문이야.

불행히도 빗나간 성례의 신학은 종교개혁의 결정적 원인이 되기도 했어. 개신교가 오직 두 가지의 성례(세례와 성찬식)만 인정한 반면, 로마천주교는 웬만하면 성례로 취급해서 칠성사, 즉 일곱 개의 성례로까지 늘려 놓았잖아.

참고로 가톨릭은 칠성사의 종류로 세례성사, 혼배성사, 성품성사, 병자성사, 성체성사, 고해성사, 견진성사가 있다고 해. 하지만 결혼의 경우, 하나님의 언약, 부부의 하나됨, 교회와 그리스도와의 연합 등의 개념들이 그야말로 미스테리에 속한다는 점에서, 성례로 보기보다 비밀스러운 하나님의 제도라고 보아야 해.

요즘 결혼식이 유감인 이유 ✼

그런 반면, 오늘날 결혼식을 보면 지나치게 세속화된 경향이 있어서 안타까워. 결혼식이 성례는 아니라 할지라도, 예식 자체는 구별된 예배의 형태로 진행되어야 하는데 말이야. 언제부터인지 개그맨이 사회를 보는 게 유행이 되기 시작하면서, 기억에 남을 만큼 배꼽을 잡아야 재미있는 결혼식이라는 개념을 강화하는 방향으로 가고 말았지. 한번 깊이 생각해봐야 할 대목이야.

물론 자연스럽게 웃고 기뻐하는 예식이 되도록 이끌어가는 것은 좋아. 하지만 결혼이 하나님 앞에서 하는 언약 의식이고, 하나님나라를 이루는 한 가정이 탄생한다는 위대한 결혼의 목적조차 잊혀질 게 뻔하지 않을까? 그런 점에서, 청년 그리스도인들이 결혼식을 앞두고 교회 예배당보다 북적거리고 자유로운 일반예식장을 선택하는 풍토는 생각해볼 필요가 있을 것 같아.

왜 그러는지 당사자들에게 이유를 물어보니, 대개의 교회는 강단 조명과 인테리어가 결혼사진 찍기에 좋지 않아서라고 하더군. 일리는 있어. 평생 한번 찍을 사진이라 그런 것이 중요하겠지만, 대신 일반 예식장은 천문학적 비용을 요구하는 초고급 호텔이 아닌 한 대체로 사용 시간이 제한되고 분위기가 산만해서, 목사님을 주례자로 모시더라도 여유있게 결혼예식을 드릴 시간이 부족할 수 있잖아. 무엇이 그대들의 결혼식에서 가장 중요한지, 그걸

2부 | 결혼제도의 배경과 목적을 알면 더 좋겠지?

먼저 생각해보면 어떨까?

교회가 반성할 점도 물론 있어. 교회가 말로는 청년들의 기독교적 결혼을 강조하지만, 현실에선 일부 교회가 주일예배 준비에 방해된다고 토요일에 사람이 몰리는 결혼 행사에 비협조적인 정책을 고집하는 경우도 간혹 있었어. 근본적으로 복음적이지 않아. 교회에서 결혼식을 하는 젊은이들이 너무나 귀해진 요즘, 이런 교회는 아마 아예 없을 거야. 오히려 모든 편의를 제공하겠다며 환영하겠지.

어쨌든 요즘 결혼식이 왜 교회에서 하는 아름다운 결혼예배에서 점점 멀어지는지, 결혼 당사자는 물론 교회의 주체부터 심각하게 반성하고 돌이켜야 할 것 같아. 결혼식이란 예수님과 교회 사이의 신비한 비밀이 시작되는 일이니까, 결혼만큼 교회와 하나님과의 관계를 정확히 보여주는 건 없으니까 말이지.

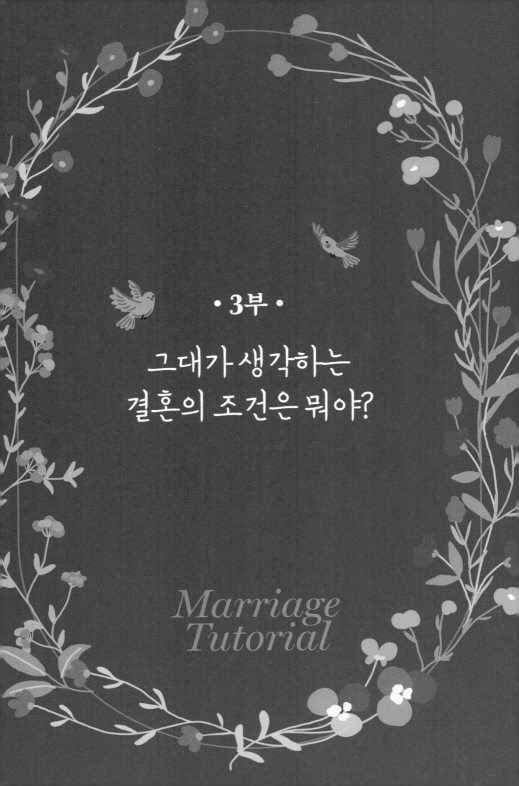

• 3부 •

그대가 생각하는
결혼의 조건은 뭐야?

Marriage
Tutorial

5장

네 결혼이 설마,
이런 정략결혼은 아니겠지?

호가스의 계약결혼 6부작

수혁과 은영은 제인 오스틴(Jane Austin, 1775-1817)의 《오만과 편견》이란 책이나 영화를 본 적 있어? 18세기 말의 사랑과 연애와 결혼을 소개했다는 점에서 《오만과 편견》은 대표적인 역사적 낭만소설이기도 해. 오스틴의 소설이 나올 때만 해도 지참금과 함께 '결혼 시장'이라는 개념이 그리 낯설지 않을 때였어.

오스틴보다 조금 앞의 시기인 18세기 초중반에 영국의 풍속화가로 이름을 떨친 윌리엄 호가스(William Hogarth, 1967-1764)가 있었는데, 이 사람 이름은 들어본 적 있어? 당시에 만연된 상류층 귀족과 하층 상인 사이의 정략결혼을 풍자하는 그림을 그린 것으로 유명하지.

호가스가 드라마처럼 6부작으로 그린 연작(聯作) '계약결혼'이 유명한데, 그 작품의 주제는 당시로선 흔했던 '최신식 결혼'에 대한 것이었어. 몰락한 백작 가문의 아들과 신분 상승을 꿈꾸는 하층계급의 부유한 상인의 딸 사이의 결혼이 지참금을 매개로 성사되지만, 그들의 부도덕한 결혼생활이 이내 파탄나고 만다는 걸 희극적이면서 비극적으로 그렸어. '계약'(중매쟁이의 방문)부터 '아침'(결혼식 다음날), '검진'(돌팔이 의사의 방문), '부인의 침실', (아침의 접견실), '그 남자의 죽음'(백작의 죽음), 그리고 '그 여자의 죽음'(백작부인의 자살)까지, 시간 순서대로 그린 각각의 6부작 그림은 해학과 풍자 그 자체야.

그중에서 제1편인 '계약'은 결혼 계약이 이루어지는 순간을 그렸는데, 소위 정략결혼이 성사되는 장면이야. 그림은 정략결혼의 실상을 이해할 수 있도록 그 배경을 소개하고 있어. 그림 왼쪽에는 '오징어 가문'에 속한 부유한 상인이 막대한 지참금을 지불하고서 딸의 혼사를 추진하는 지참금 계약서를 읽고 있고, 맞은편에는 신랑의 아버지인 백작이 화려한 금빛 복장으로, 자신들이

호가스, 계약결혼, 제1편, 계약. Marriage A-la-Mode, #1, 1743-1745

얼마나 뼈대있는 '멸치 가문'인지를 과시하려는 듯 복잡한 가계도
를 손가락으로 가리키고 있지. 계약서와 맞바꾼 대가는 백작 앞
에 수북이 쌓인 금화야.

백작 가문은 사실상 도를 넘는 씀씀이를 견디다 못해 몰락 직전
에 처한 이름만 남은 귀족에 불과했어. 한쪽 발을 붕대로 감고 목
발을 짚어야 하는 절름발이 신세인 백작의 모습으로 잘 암시되고
있지. 하지만 몸에 습관처럼 배어 있는 사치를 절제하기 어려우
니 그 해법으로 아들의 정략결혼을 선택한 거야.

계약서와 맞바꿔 백작 앞에 수북이 쌓인 금화와 달리, 정작 결

호가스, 계약결혼, 제2편, 아침(결혼 후), Marriage A-la-Mode, #2, 1743-1745

혼 당사자들은 심드렁하니 각자 다른 곳에 관심이 가 있는 모습을 보여주고 있어. 신랑과 신부도 당시 유행하던 최신식 프랑스 옷을 입고 화려한 모습으로 앉아 있는데, 신부는 신랑이 아닌 다른 남성과 대화하는 중이야. 신랑은 신부에게 눈길조차 주지 않은 채 거울을 올려다보고 있고. 신부와 밀어라도 속삭이는지 상기된 표정을 한 신부 옆의 남자는 지금은 변호사이지만, 훗날 이 결혼을 비극으로 끝내게 할 그녀의 정부야. 이 남녀 커플의 애정 없는 결혼생활은 앞에 있는 개 두 마리를 통해서도 암시되고 있어. 서로 목줄로 연결되어 있는 두 개들은 자기 의사와 상관없이 부모가 정해준 상대와 결혼해야 하는 남녀의 허망한 운명을 상징하기 때문이야.

이 작품의 실제 모델은 18세기에 실존했던 백작 가문과 상인 가문이었어. 신부와 내연관계였던 변호사가 그들의 밀회를 목격한 남편을 살해하고, 이를 비관한 신부도 독약을 먹고 자살하여 그 정략결혼은 비극적인 결말로 끝나고 말았지.

여섯 점의 연작 중 가장 유명한 것은 두 번째 '아침', 즉 '결혼식 후'야. 이 그림은 판화로 대량 제작되어 세간에 널리 퍼져 엄청난 인기를 얻기도 했지. 결혼식 이후의 장면을 담은 이 그림에는 그들의 집사가 등장해. 밤샘 파티로 어질러진 실내를 보고 질린 표정을 하며, 겨드랑이엔 장부를 끼고 한 손에는 청구서와 영수증 다발을 쥔 채 방을 나서고 있는 사람이야.

신부는 기지개를 피면서 부자 아버지가 지참금으로 사준 멋진 신랑을 힐끔힐끔 훔쳐보는데, 아마 그는 홍등가에서 시간을 보내고 돌아왔는지 한눈에 봐도 방탕으로 지치고 어두운 표정이야. 마침 강아지가 주인의 겉옷 주머니에서 여자용 실내 레이스 모자를 끌어당기고 있는데, 혼외정사를 암시하는 증거가 분명하지. 벽난로 위에 걸린 그림 속의 폐허더미에 앉은 큐피트의 모습이 그들의 불행한 계약결혼의 종말을 암시해주고 있어. 물론 정략결혼과 같이 어그러진 결혼풍속은 어느 시대에나 있었거든. 결혼이 한결같이 사랑의 결실인양 말하지만, 실상은 문명사회나 야만 사회 가리지 않고 인류는 언제나 정략결혼을 행해왔어. 대부분은 부도덕했고.

부모나 주변 사람들에 의해 이끌려 진행되는 강제적인 결혼은 엄밀히 말해 정략결혼이라기보다 약탈결혼이야. 정말 약탈적 상황이라면 야만성이 극에 달하겠지. 예컨대 《왕좌의 게임》 (A Game of Thrones)에서 쫓겨난 왕위계승자 비세리스 타르가르엔(Viserys Targaryen)이 자신의 왕좌를 탈환할 병력을 얻기 위해 여동생 대너리스(Daenerys)를 무장 세력의 수장 칼 드로고(Karl Drogo)와 결혼시키는데, 정략결혼과 약탈결혼의 경계를 보여주지. 드라마에서 대너리스는 17살이지만, 소설에선 겨우 13살이잖아. 비세리스는 대너리스를 오직 자신의 권력을 얻기 위한 도구로 여기고 드로고에게 강제결혼을 시킨 거야. 이 비정한 오빠는 지참금 문제와 관련해서 대너리스를 미끼삼아 황금면류관 타령을 하던 중에 드로고에 의해 처단되고 말았지. 약탈결혼은 주로 야만사회에서 전쟁 후유증처럼 취하는 건데, 여자를 전리품 같은 소유로 여기는 풍습은 오늘날까지도 이어지는 현상이야.

센고쿠 시대의 정략결혼

수혁과 은영은 유럽 나라 사람들, 특히 영국과 프랑스와 독일 사람을 구분할 수 있겠어? 아마 동아시아 3국인 한국과 중국과 일본 사람을 구분하는 것도 쉽지 않겠지. 하지만 약간의 차이를 만들어내는 기준을 알게 되면 구분이 가능한 정도일 뿐 아니라, 어쩌면 서로 혼동하는 것 자체가 불가능할 거야. 이들 나라들이 아시아나 유럽에서 딱 붙어 있는 이웃 나라들이고 서로 분위기가 비슷해서 구분하기 어려운 듯하지만, 실상은 언어나 관습과 문화적 성향이 완전히 딴판이란 걸 쉽게 알 수 있지.

특히 한-중-일은 비슷한 문화가 하나 있는데, 바로 여성 차별이 심하다는 거야. 다만 문화적 배경이나 정도는 각기 다르지. 세 나라의 여성 차별 정도는 OECD 기준으로 한국이 꼴찌이고, 일본은 바로 그 앞이며, 중국은 여성 멸시 수준이 통계 밖이니까 그야말로 도긴개긴이라 할 수 있지. 다만 국가마다 여성 차별의 원인으로 꼽는 것이 한국은 남성 중심 권위주의와 당파성의 유교와 기독교이고, 일본은 내세 없는 조상신과 야쿠자식 질서의 신도와 사무라이이며, 중국은 완고하고 타협불가능한 권위주의를 과시하는 유교와 공산당이라고 생각되고 있어. 그중에서 정략결혼이 여자들의 삶의 방식에 매우 치명적인 영향을 끼친 일본의 사무라이 시대를 살펴볼 거야.

사무라이(무사)는 흔히 16-17세기 센고쿠(전국) 시대에 극에 달했어. 그때 여성의 인격이 가장 무시받았지. 대표적인 사무라이로는 오다 노부나가와 도요토미 히데요시, 그리고 전국을 통일한 도쿠가와 이에야스가 있었어. 그때는 여자들의 인격을 말하는 게 사치일 정도로 여성 극혐의 시대였지. 오히려 센고쿠 시대 이전엔 여성상속제도가 있었고 여성 인권도 어느 정도 존중받았지만, 무사들이 주축을 이루어 지배하기 시작하면서 여자들의 흔적은 역사에서 점차 사라졌어. 당시 무사들을 중심으로 힘의 결집과 와해를 위해, 마치 왕좌의 게임의 대너리스처럼 정략결혼이 야만적으로 횡횡하게 되었지. 나중에 도쿠가와 이에야스가 센고쿠 시대를 통일하고 열었던 에도막부 시대가 안정기에 접어들자 각 지방의 예하 다이묘(영주)들에게 세력 확장을 위한 정략결혼을 금지했어. 하지만, 정작 이에야스 자신의 가문은 치외법권으로 두었어.

센고쿠 시대의 여자들만큼 정략결혼에 희생된 비참한 여자들은 없었을 거야. 사무라이들은 누이나 딸조차 인간으로 생각하지 않을 만큼 정략결혼의 희생양으로 삼았지. 당사자는 일단 결혼하고 나면 평생 감시받으며 살거나 집안 깊숙한 곳에 숨겨진 채 살다가, 전쟁의 소용돌이에 처할 때 자결을 강요당하는 등 비참한 운명을 피할 수 없었어.

정략결혼의 비정함은 막부 간에 전쟁이 터졌을 때 극에 달하게 되었어. 딸이든 누이든 가족관계도 소용없고 최소한의 인격조차 인정하지 않은 채 방해 유무를 따져 없애버렸지. 그래서 나온 말이 정략결혼으로 보내는 딸이나 누이는 그냥 인질 같은 존재라는 거야. 물론 정략결혼 당사자인 부부들도 겉으로는 내색을 안 하고 지내다가도 결정적일 때는 불신의 대상이 되기도 하고, 친정이나 시댁 양쪽 모두로부터 죽음을 강요받기도 했어.

최초로 전국시대를 통일한 오다 노부나가도 예외가 아니었어. 노부나가 자신도 미노국의 사이토오 도오산의 딸 노히메와 정략결혼을 했는데, 그녀 또한 양가와 남편 모두에게 정략결혼의 희생자로 알려졌지. 천하의 노부나가와 그의 부인 노히메의 일화는 막부시대 당시 여성의 운명을 잘 알려주고 있어. 노부나가는 매일 밤 아내 노히메가 깊이 잠들기를 기다렸다가 조용히 방을 빠져나갔다고 해. 이런 일이 매일 계속되자, 이를 눈치챈 노히메가 남편 노부나가에게 "매일 밤 어디로 나가느냐"며 이유를 묻자 그는 이렇게 말했어.

"우리가 부부인데 서로 숨기는 일은 좋지 않은 일이니 내가 비밀을 말하리다. 일찍이 미노국의 중신과 은밀히 약속하길, 내 장인을 죽이고 봉화를 올리면 내가 즉시 공격하기로 약속했었소. 그래서 매일 밤 그대가 잠들기를 기다렸다가 미노국 쪽에서 봉화가 오르는지를 살핀 것이라오. 그러니 이 비밀은 다른 사람에게 절대 말하지 마시오."

하지만 노히메는 당장 친정아버지 사이토오 도오산에게 그 '비밀'을 알렸지. 그러자 도오산은 크게 분노하여 노부나가에게 우호적인 신하 두 사람을 베어버리고 말았어. 결국 노히메는 남편

　　　　　3부 | 그대가 생각하는 결혼의 조건은 뭐야?

노부나가의 전략에 말려들고 만 셈이야. 노부나가는 아내가 분명히 자기에게 들은 비밀을 친정아버지 도오산에게 전할 것이라는 걸 계산에 넣고 일을 꾸미며 사이토오의 분열을 획책한 거거든. 애정과 신뢰로 맺어져야 할 부부의 관계가 얼마나 험악해졌겠어? 이게 정략결혼의 실태야. 그래서 나온 말이 무사는 부부 단둘만의 자리에서도 칼을 잊어서는 안 된다는 거잖아.

이런 기구한 운명의 외줄타기를 했던 일본 여인의 지위에 대해 변명인 듯 자랑인 듯 글을 쓴 남자가 있어. 《무사도》라는 책을 쓴 니토베 이나조야.

"일본 여성들은 강하면서도 부드럽고, 용감하면서도 애절하게, 하루가 저무는 시간에 소박한 보금자리를 위해 노래를 부른다. 딸 입장에서는 아버지를 위해, 아내 입장에서는 남편을 위해, 어머니 입장에서는 자식들을 위해, 여성은 어린 시절부터 자신을 희생해야 한다고 들었다. 여자의 일생은 독자적인 생애가 아니다. 남성의 내조자로서 자신이 도움이 되면 남편과 함께 화려한 무대에 섰고, 도움이 되지 않으면 무대의 뒤편으로 물러났다."

아마도 이런 문화로 인해, 아직도 일본에서는 가부장제 형태가 계속 지배적인 상황이야.

다윗의 정치적 결혼 ✎

수혁과 은영에게 일본 이야기는 낯설지만, 성경 이야기는 잘 알고 있겠지? 성경의 이야기 역시 비슷해. 동기와 의도와 목적은 달라도 성경 이야기 속에도 인간의 야망이 꿈틀댄다는 점에서, 정치권력이나 재력을 위한 정략결혼의 예는 크게 다르지 않지.

성경 역사에서도 정략결혼은 왕실과 관계를 맺기 위한 욕망의 수단으로 진행되었지만 주로 실패했다는 교훈을 남겼어. 예컨대 우리가 이름 첫 자만 말해도 망령되이 여겨져 조심스러운, 저 유명한 다윗도 정략결혼의 대표적 인물이지.

우리는 주일학교 때부터 다윗이 지고지순의 목동으로 자라다가, 어쩌다 우연처럼 용맹스럽게 골리앗을 처단한 이스라엘의 신실한 용사라고 배웠어. 하지만 다윗이 전형적인 시골 목동이거나 순박하고 청순한 포크송 가수나 시인의 이미지로 오래 머무른 인물은 사실 아니었어.

다윗이 처음 골리앗과의 전쟁이 벌어지던 엘라 계곡에 갔을 때만 해도 그저 왕의 전쟁을 어깨너머로 구경이나 할 요량이었지. 하지만 그의 물맷돌 실력은 이미 고도의 정예 스나이프 요원이 되고도 남을만한 수준이었어. 블레셋의 잦은 도발과 골리앗의 위협에 골머리를 썩던 사울 왕은 누구든지 골리앗을 죽이고 블레셋을 몰아내준다면 자기 딸을 주겠다고 약속했지. 하지만 그때까지만 해도 다윗은 어리기도 했거니와, 결혼경품엔 관심없이 순수한 신앙과 애국심으로 골리앗을 단번에 무찔러버렸잖아.

아니나 다를까, 문제는 그 다음에 더 복잡해졌지. 다윗은 며칠 영웅 대접을 받긴 했지만, 사울 왕이 약속을 깨고 큰 딸 메랍을 다른 곳에 시집을 보내 버린 거야. 국민적 영웅이 된 다윗의 인기가 하늘을 찌르는 상황에서, 사울은 왕으로서 다윗이 백성들의 마음을 더 얻게 될 것이 두려웠기 때문이었지. 사실 그때부터 다윗은 이미 죽은 목숨이었어. 그가 왕이 되는 서른 살까지 십수 년 동안 몇 번이고 목숨을 부지하기 위해 도망다녀야 했지.

일단 사울은 둘째 딸 미갈이 다윗을 연모한다는 이야기를 듣고서, 미갈을 두 번째 정략의 미끼로 삼아 다윗에게 정략결혼의 지참금을 새로 제안했어. '블레셋 사람의 양피 백 개'를 내건 조건이었지. 양피 백 개라면 백 명의 블레셋 군인들을 죽여야 한다는 이야기인데, 다윗이 험한 전쟁터에서 블레셋의 손에 죽도록 하겠다는 일종의 덫이었어. 이런 일은 형태가 달라지더라도 어느 시대든 흔히 볼 수 있는 함정이야. 왜, 다윗도 나중에 밧세바를 취하기 위해 우리아를 죽일 때 같은 방법을 썼잖아.

아마 다윗은 은근히 왕의 사위가 되는 것도 좋겠다는 생각을 했을지 몰라. 저울질할 겨를도 없이 다윗은 사울 왕의 요구조건을 받아들였어. 다윗은 자신과 같은 양치는 목동 주제에 어찌 감히 왕의 딸을 아내로 삼을 수 있겠느냐고 생각하면서도 모든 위험한 조건을 기꺼이 받아들이고, 보란 듯이 블레셋 양피 이백 개를 가져왔지. 피투성이 지참금이야. 사울 왕은 다윗을 해치우려 했는데, 혹 떼려다 혹 하나를 더 달게 된 꼴이었어.

그렇게 다윗은 미갈과 왕실 결혼을 하게 되었고, 미갈은 다윗의 첫 번째 아내가 된 거야. 다윗이 미갈에게 "내 뼈요 살이라"는 노래를 불러줬을까? 난 아니라고 생각해. 다윗은 아비가일을 포함한 자기 주변의 모든 여자들에게, 심지어 밧세바에게조차 단 한 번도 사랑한다는 말을 하지 않았거든. 이게 다윗이었어. 물론 미갈과의 결혼이 다윗의 입장에서는 왕의 사위가 되려는 욕망으로 이룬 거라면, 사울 왕의 입장에서는 다윗이라는 정치적 불안 요소를 제거하기 위해서였어. 둘 다 결혼을 정략적인 동기와 목적으로 이용한 거지. 다만 미갈의 입장만 달랐어. 그녀는 다윗을 연모했기 때문에, 정략결혼에서 자유로운 유일한 인물이지. 오히려 그녀는 "사랑에는 두려움이 없다"는 걸 깨닫고 있었던 듯해.

불행히도 미갈은 다윗과의 결혼생활이 행복하지 않았어. 아버지 사울 왕의 피해망상증세가 악화되면서, 노골적으로 왕이 가진 모든 권한을 행사하여 조직을 동원하고 정보를 수집하여 다윗을 없앨 궁리에 몰두했기 때문에 좌불안석의 시간을 보내게 되지. 마침내 사울 왕이 암살단을 보내 다윗을 마무리하기 위한 치밀한 계획을 세웠을 때, 미갈은 사전에 매수한 정보원을 통해 그 사실을 미리 알고 다윗을 피신시켰어. 사울 왕은 이 사실을 알게 되었을 때 미갈에게 한바탕 분노를 쏟아 낸 후, 다윗과의 결혼을 영구적으로 파기하고 딸을 발디에게 재가시켜버렸어. 다윗이 선택한 미갈과의 정략결혼은 이렇게 막을 내리지.

다윗은 어렵사리 왕의 사위가 되어 왕실 가문의 인사이더가 되길 바랐겠지만 결국 물거품이 되었어. 다윗은 훗날 사울 왕이 죽은 뒤 다시 미갈을 찾아 데려왔는데, 나는 몇몇 해석자들과 달리 이것 역시 미갈에 대한 사랑 때문은 아니라고 봐. 다윗이 이미 다른 사람의 아내가 된 미갈을 다시 되찾아온 이유는 그녀를 못 잊어서가 아니야. 그때는 다윗이 남쪽의 유다 지파를 중심으로 왕위에 올랐을 뿐이어서, 북쪽의 이스라엘 지파들에게도 지지를 얻어 명실상부 통일 이스라엘의 왕이 되어야 했어. 그래서 다시 한번 미갈을 정략적으로 이용하기 위해서가 아닌가 해. 다윗은 이스라엘 지파들에게 자신이 사울 왕의 가문과 연결된 인물이라는 강력한 인상을 남겨주고자 했거든. 그때 다윗에게 이미 두 아내가 더 있었던 것으로 보면 정치적 의도를 의심하지 않을 수 없지. 이 불쌍한 미갈 공주는 다만 다윗의 정치적 야망의 플랫폼인 셈이었어.

결혼정보업체의 등급 분류

수혁과 은영도 잘 알겠지만, 요즘 우리나라에서 유행하는 결혼 풍속도는 결혼정보회사를 통해 만난 사람과 결혼하는 거라던데, 어떻게 생각해? 과거엔 종종 재벌가와 미스코리아나 아나운서나 연예인이 맺어지는 경우가 있었지만, 그런 경우는 요란한 홍보 효과 때문이었어. 정작 재벌가들은 상대의 집안을 본다는 말이 있다고 하더군.

혹시 두 사람은 결혼정보회사의 개입에 대해 어떻게 생각해? 결혼정보회사들은 남녀의 경제적 능력이나 얼굴 생김새, MBTI와 같은 성격 분류 등 외적 조건을 세밀하게 맞춰보고 커플매니저가 최적의 상대를 찾아 매치해 준다고 해. 개개인들의 선택보다 훨씬 정확하고 노하우도 있어서 '밸런스'가 어긋날 가능성이 차라리 희박하다는 말을 들었어. 아마 AI 매치메이커가 등장할 날이 임박했다는 생각이야. 솔직히 결혼도 모드에 따른 유행에 민감할 거란 점에서 그런 현상을 대놓고 무시할 순 없겠지만, 씁쓸한 건 왜일까?

결혼정보업체는 모든 결혼 적령기의 회원들을 등급화해서 관리한다고 들었어. 이런 형태의 등급 분류는 무엇보다도 세속적이고, 특히 뭐가 문제냐면 사람의 내면적 됨됨이나 인격은 뒷전으로 밀려난다는 거지. 이들은 겉으로야 "기준은 기준일 뿐"이라며,

다만 이용자를 만족시킬 마케팅용이라고 말하지. 하지만 막상 커플매니저를 만나 상담해보면, 이런 분류가 소위 결혼은 끼리끼리 해야 한다는 대전제를 받아들이게 만들어주는 각성제라는 사실이야. 아마 이런 사회적 분위기가 최근의 결혼 시장 자체를 위축시키는 원인일 수 있다는 생각도 들어. 결국 이들이 이끌어가는 결혼 문화란 엘리트 등급 외에는 결혼할 꿈도 꾸지 말라는 것과 다름없지 않을까?

결혼정보업체에서 남자를 다양한 등급으로 분류할 때 사용하는 기준은 가장 우선적으로 직업군이야. 이어서 학벌, 집안, 재산, 외모 순서인 반면, 여자의 경우는 외모가 가장 우선이지. 뒤이어 직업, 집안, 학벌, 재산순이래. 여기에 참여하는 회원들은 분류에 따라 회비를 내기만 하면 힘들이지 않고 상대를 만나도록 보장받는 것이지. 결국 결혼도 물질의 우상인 맘몬이 조정자가 되었어. 최근 결혼정보업체의 회비가 2-3백만 원부터 5-6천만 원에 이른다고 하니, 정략결혼의 진화는 충격 그 자체야.

이걸 성경적 관점으로 어떻게 이해할까? 성경의 창조-타락-구속의 패러다임이나 언약과 하나님나라의 조망이 우리의 심장을 울린다면, 지나친 세속주의나 부르주아적 자본주의는 경계해야 하지 않을까? 이것에 대해 떠오른 두 가지 생각은 첫째, 창조적이지 못하고, 둘째, 거기에 하나님이 설 자리는 없겠다는 거야.

천구도를 만든 근대 프랑스 천문학자 겸 수학자 피에르-시몽

라플라스(Pierre-Simon Raplace)가 나폴레옹 앞에서 프리젠테이션을 하며 나눴던 대화가 새삼스레 떠올랐어. 라플라스가 왕 앞에서 천구도를 설명하는데, 갑자기 궁금증이 생긴 왕이 질문을 한 거야.

"오! 그렇다면 하나님은 어디 계시는가?"

그때 라플라스가 살짝 회심의 미소를 머금고 대답했어.

"폐하, 이제 제게 그런 가설은 필요하지 않습니다."

지금의 결혼 풍속도를 보면 바로 그런 맨털리티가 지배하는 게 아닐까 싶어. 하나님의 언약이나 하나님의 인도와 보호는 죄다 종교적 가설 영역에 있다고 여기는 게 아닐까?

미스터 말콤스 리스트

수혁과 은영은 주로 어떤 영화를 좋아해? 아내와 나는 영화 취향이 아주 달라. 아내는 보기와 달리 악몽을 꿀 것 같은 좀비영화 장르를 좋아하는 반면, 나는 로맨틱 코미디를 좋아하거든. 부부가 영화 취향까지 맞춰야 하는 건 아니지만, 왠지 상대방의 영화 취향에 빠져들지는 못하게 되는 것 같아.

최근에 본 영화가 19세기 영국을 배경으로 만든 '미스터 말콤스 리스트'(Mr. Malcolm's List, 2022)였는데, 결혼의 조건과 관련해 아주 인상적인 영화였어. 주인공 제레미 말콤은 런던 사교계에서 최고의 신랑감으로 손꼽히는 인물이야. 어렸을 때부터 최고의 신붓감이 되려고 노력해 온 줄리아가 그를 신랑감으로 점찍고 유혹했는데 그만 거절당한 거야. 이 소문은 삽시간에 퍼지고 말았어. 줄리아가 말콤의 신부 자격 요건 리스트를 만족하지 못한 것이 이유로 밝혀지면서, 그녀는 더욱 굴욕감을 느끼며 복수를 계획하게 돼.

줄리아가 말콤의 리스트 중에 걸려든 항목은 '분별 있는 대화'였어. 말콤은 곡물법을 주제로 대화를 원했지만, 줄리아가 곡물법을 식이요법으로 알고서 엉뚱한 말을 해버려 실패한 것이지. 실망한 말콤은 싸늘하게 마음을 닫아버렸어.

자존심이 무너져 상처를 입은 줄리아는 말콤에게 복수하려고 자기 친구 셀리나를 그에게 보냈어. 그의 리스트를 만족시키는 대신, 이제는 거꾸로 셀리나의 신랑 자격 요건 리스트를 말콤이 만족시키지 못할 경우 거절당하도록 연출했어.

줄리아는 처음에 신부 자격 요건 리스트가 있다는 걸 들었을 때 얼토당토않다며 흥분했지만, 평생을 함께하는 반려자를 사랑 하나만으로 결정한다는 것이 오히려 불행을 초래할 수도 있다는 생각이 점점 들면서 이해가 된 거야. 겉으로는 사랑이면 다 된다고 말하지만, 결혼만큼 이해관계가 복잡하게 얽힌 인생의 중차대한 문제는 없다는 생각에 이른 것이지.

누구도 자신의 상황이나 상태가 결혼 전보다 나빠지는 걸 원하진 않잖아. 더구나 말콤처럼 백작 가문에 속하고 재산도 상당하며 지성도 갖춘 최고의 신랑감이라면, 그를 이용해서 신분 상승의 사다리에 오르려는 수많은 여성들의 진정성을 확인하고 싶은 방어기제로 신부 자격 요건 리스트가 필요할 수도 있겠다는 너그러운 생각에 이르게 된 거지. 줄리아는 마침내 철없던 시절부터 꿈꿔왔던 낭만적 사랑의 환상만으론 결혼을 결정할 수 없다는 결론을 얻게 된 거야.

영화는 집착으로 시작했던 신랑 신부의 자격 요건 리스트 자체가 결혼의 절대기준이 아님을 확인해주며 해피엔딩으로 끝나. 어차피 세상에 완벽한 신랑감이나 신붓감은 없으니, 어느 정도 세상을 보는 가치관과 바라보는 방향과 결이 같다면 결혼해서 함께하는 삶이 해볼만하다는 걸 보여주려는 의도 같아. 그런 점에서 미스터 말콤스 리스트는 결말이 미래로 열려 있다고 할 수 있지.

다음 장에서 그 열린 리스트를 ABCDEFG로 소개하면서 결혼의 몇 가지 조건을 되돌아보도록 보충해볼게. 크게 의식하지는 말고, 그저 점검하는 데 참고하기를 바라.

6장

무엇을 따지는 조건인지,
A부터 G까지 생각해보자

Accountability 책무

오래 전 백 명이 넘는 결혼 적령기의 청년들을 지도할 때 정기적으로 상담을 하곤 했는데, 종종 결혼 상담이 되는 경우도 있었어. 한번은 같은 날 30대 초반의 청년 자매 셋이 차례로 찾아왔는데, 놀랍게도 세 명 모두 동일한 형제를 마음에 두고 기도하고 있다고 기도를 부탁하는 거야. 더 놀라운 건, 이미 또 다른 네 명의 자매들이 그 형제를 좋아한다고 내게 기도를 부탁했다는 사실이지.

솔직히 나는 기도라는 것이 주님의 뜻을 구하는 것이지 내가 원하는 걸 달라는 것이 아니라고 생각해. 그래서 그녀들에게 상대편 형제의 입장도 살펴보라고 했어. 그런데 그중 한 자매가 아주 쎄한 말을 했어.

"그 오빠와 결혼하는 것이 하나님의 뜻이라는 확신이 들어요."

오엠지(OMG)!

나는 내색은 못 했지만 속으로 크게 놀랐고, 사안이 사안인지라 즉각 반응하지 않을 수 없어서 이렇게 말했어.

"하나님의 뜻이 분명하다면, 그 형제도 너처럼 하나님의 뜻을 확신해야 할 거야."

그렇겠지? 하나님의 뜻이라면 두 사람 모두 확인할 수 있어야지 어느 한쪽만 확인해주시겠어?

어떤 경우는 하나님이 자기 꿈에 나타나셔서 모종의 뜻을 보여줬다며 사랑을 고백하는 사람들이 있는데, 주로 남자들이 그러지. 그 자매의 경우도 마찬가지야. 만일 하나님이 두 사람을 맺어주신다면 남자에게만 나타나시는 게 아니라 여자에게도 똑같이 나타나실 거야. 심지어 어떤 사람은 하나님의 뜻으로 만나고 하나님의 뜻으로 헤어진다는 경우도 있잖아. 뭐, 사랑하기 때문에 만나고 사랑하기 때문에 헤어진다고도 하고. 이런 사람들은 모순과 역설을 혼동하면서 문학적인 글짓기를 하는 것이지.

이런 경우는 보통 책임있는 자세가 만성적으로 결여될 때 생기는 거야. 결혼만큼 자기책임이 따르는 인생의 중대사도 없잖아. 그만큼 책임있는 자세를 가져야 하지. 예컨대 중동이나 아프리카 문화에서는 경제적인 능력이 될 경우 네 명의 부인과 결혼할 수 있는데, 그 경우는 그 남자의 갈빗대 네 대를 부러뜨리는 게 하나님의 뜻일까? 문화적으로 인정되는 관습이라도 성경의 말씀을 따라 돕는 배필을 찾고, 그녀와 결혼의 여정을 걸어야 할 거야. 하나님의 뜻은 자기책임이 따르는 방식으로 확인해야 한다는 걸 간과해선 안 돼.

책무는 책임과도 얼마간 구분되는, 소위 직무라는 개념이지. 책임(responsibility)이란 말이 해야 할 일에 대응(response)하는 능력(ability)을 말한다면, 책무 혹은 직무란 일종의 개인적인 의식으로서, 실행하기로 약속하고 다짐한 것에 대한 책임의식을 말하는 거야. 이를 위해선 우선 말을 분명하게 하고 말끝을 흐리지 않아야 해.

결혼과 관련해서 상대에게 하나님의 뜻을 말할 때는 과거의 인도하심을 전제로 고백적으로 얘기하는 편이 더 나아. 무턱대고 상대에게 프러포즈하면서, 하나님의 뜻을 앞세워 말하는 것은 책임의식이 없는 사람이야. 자기의 감정을 먼저 앞세워 두 사람의 관계를 특정하지만 책임은 지지 않는 이기적이기 쉬운 사람이야. 결혼에 대해서도 권리는 누리되 책무는 망각하는 사람이지.

보통 경제적 빈곤국가의 가난한 가정 출신의 여자들은 모든 조건을 다 갖춘 왕자님과 만나려는 신데렐라의 꿈을 꾸는 반면, 남자들은 모든 조건을 다 갖춘 공주님과 만나고 싶은 온달의 꿈을 꾸지. 하지만 그런 건 꿈이고 소설이지 결코 현실이 아니야. 콤플렉스에 의한 환상이나 망상은 결정적인 상황이 오면 책임을 회피하거든.

　두 사람이 만나서 사랑하고 결혼을 약속하지만, 자기의 기대만을 만족시키기보다 하나님의 언약을 기준 삼아 상대에 대해 현실적인 책임을 질 줄 아는 사람이어야 해. 부부가 된 경우, 배우자의 목적을 위해 얼마나 많은 시간을 낼 수 있는지 생각해 봐야지. 보통 우리는 상대를 불평하는 데 많은 시간을 소비할 때가 있어.

　상대에 대한 육체적 책무에 대해서도 마찬가지의 기준이 있어야 해. 결혼으로 부부는 육체에 대해서도 자신보다 상대를 배려하고 위하는 마음 자세를 먼저 가져야 한다고 봐. 바울이 고린도전서 7장에서 남편과 아내가 자기 몸을 스스로 주장할 수 없다는 기준을 가르치고 있어. 심지어 결혼 후에는 분방(分房)하지도 말라고 하잖아. 다투더라도 해가 지기 전까지(하루를 넘기지 말라는 말이야) 화해하고 온전한 부부로 돌아가라는 거야. 성경의 적극적인 권면이라고 봐야 해. 오늘날 많은 부부가 한바탕 다투거나 감정의 골이 깊어질 만큼 계속된 갈등 속에 지낼 때 각자 다른 방에서 자는 경우가 있는데, 이는 결코 바람직하지 않아.

화해를 위해서는 진심의 표현이 중요한데, 현실적으로는 화해가 정말 어렵거든. 특히 남자들은 쉽게 사과를 하는 편이지만, 자기가 뭘 잘못했고 뭘 사과하는지도 모른 채 사과하는 경우가 많아. 그건 깐깐한 여자를 아내로 둔 남자들이 더 심한데, 그들은 항상 "내가 잘못했어, 미안해!"라는 말을 먼저 하거든. 사실 남자가 미안하다는 말을 그냥 쉽게 내뱉는 동물이 아닌데, 이 정도면 얼마나 대단한 양보를 했는지 스스로 대견할 정도지. 그럴 때 여자에게서 거의 100퍼센트 어떤 말이 나올까? 남자가 듣기에 충격적이고 이해 불가능할 만한 말이 나와. "뭘 잘못했는데?"라는 반문이거든. 남자가 기껏 잘못했다고 사과하는데, 여자는 사과의 매너리즘으로 보는 거지.

이건 어느 한쪽이 잘못되어서 생긴 문제라기보다, 그만큼 남자는 화성 출신이라면 여자는 금성 출신이라는 거야. 둘이 화해의 코드가 잘못된 것이지 문제는 아니거든. 그럴 때, 남자는 다시 원점으로 '도레미' 하지 말고, 인내심을 가지고 사과를 행동으로 보이는 것이 진실하게 보인다는 걸 알아야 해. 미안하다는 말을 또 하기보다 청소기를 돌리는 편이 훨씬 낫지. 결혼에서 남녀의 관계는 이념이 아니라 태도거든.

책무의 내용에 대해 하나 더 살펴볼 것은 경제공동체라는 문제라고 봐. 요즘엔 맞벌이가 많아져 각자 따로 재정관리를 하면서 생활비를 공평하게 나눠 부담하는 경우가 많다고 들었어. 더치패

이 문화라고나 할까. 하지만 이런 경우는 계속 동거에 머무르는 수준의 책무라고 생각해. 아직 결혼에 이르지 않은 거지.

　재정에 대해서는 숨김없이 솔직할 필요가 있어. 둘 중 어느 한 쪽이 은근히 자존심을 내세울 수 있다면, 아직 결혼의 미완성이라고 봐. 책무라는 영어 어카운터빌리티(accountability)의 어근을 잘 보면 계좌(account)잖아. 계좌끼리도 결혼을 해야 한다는 뜻이야. 일반적으로 보면 계좌 관리는 여자가 잘하는 편이야. 다만 남자 직업이 금융이나 자산운용 쪽이라면 당연히 남자가 관리해야겠지. 어느 경우든지 부부는 정기적으로 또는 변화가 있을 때, 솔직하게 가정 경제 또는 재정 상태에 대해 반드시 정보를 공유해야 해. 어느 한쪽이 재정관리에 더 나은 재능을 가졌다고 해도, 그건 그 가정을 위해 주님이 주신 은사라는 점에서 가정을 섬기는 수단이지 자기만의 자랑거리는 아니라는 걸 알아야 해.

Beauty 아름다움

외적인 아름다움은 타고난 조건이긴 하지만, 사실 매우 중요하지. 이건 하나님께서 주시는 거라서 뭐라 따질 수 있는 것도 자랑할 수 있는 것도 아니지만, 아무것도 아니라고 여길 수도 없는 거야. 물론 우리가 모두 인정하는 것처럼 예쁘다고 결혼을 잘할 권리가 주어지는 것은 아니잖아. 아름다움이란 결혼하는 날로부터 10-20년만 지나면 대체로 쓸모없는 기준이 되기도 하니까.

사람마다 발버둥을 쳐도 소용없다는 걸 알게 되는 기준이 바로 아름다움이야. 요즘엔 나이를 먹어도 젊음을 유지하는 경우가 있는데, 실상은 50대만 되면 쭈글쭈글해지는 주름을 펴기 위해 주사 바늘을 의지하는 사람이 늘어나기 때문이야. 그런 가치가 다 부질없다는 것을 하루라도 먼저 깨닫는 것이 지혜일 거야.

원래 사람은 흙에서 와서 흙으로 돌아간다고 하지. 인간이 곧 흙이라는 말이잖아. 히브리어로 남자와 여자인 '이쉬, 이쇠' 역시 아담(붉은 흙)과 마찬가지로 흙의 알갱이처럼 약하고 부서지기 쉽다는 어원이 있다고 앞에서 살펴봤잖아. 우리는 모두 흙이야. 그래서 예쁜 사람들은 그냥 반죽이 잘 되고 잘 구워져서 예쁘게 보일 뿐이라고 생각하면 좋겠어. 르네상스 시대에는 미켈란젤로의 다비드 상을 볼 때 대리석을 깨고 나온 인간의 모습이라고 생각한 예술적 이미지가 있었어. 그 때문에 우리가 헬라 시대의 비너스 같은 모습이 아름답다고 여기는 것이지. 실상 인간은 대리석을 깨고 나온 존재라기보다 황토 진흙으로 빚어진 볼품없는 존재에 지나지 않거든.

옛날에 얼굴이 살짝 얽은 곰보 공주가 등장하는 동화책을 읽었던 기억이 있어. 공주는 무도회가 열릴 때마다 언니들의 그늘에 가려 멋지고 잘생긴 왕자하고는 춤 한번 못 춰본 거야. 어느 날 공주가 마음의 상처로 슬픔 속에서 울고 있는데, 요정이 찾아와 "공주님, 독서를 하세요"라는 충고를 해준 거야. 이 말을 들은 공주는 그날부터 많은 책을 읽었는데, 몇 해 후에 열린 무도회에서 모든 왕자들이 그 공주를 둘러싸고서 그녀의 지성에 탄복하며 이야기를 듣더라는 거야. 동화는 당연히 해피엔딩으로 끝났지만, 미모의 문제를 마음과 지성으로 극복할 수 있다는 교훈을 주었어.

더구나 얼굴의 아름다움은 그렇게 믿을만한 게 아니야. 누구든지 표정이 사납지만 않으면 그냥 큰 차이가 없어. 남자나 여자나 자기의 얼굴을 따뜻하고 인자하게, 지혜가 반짝거리게 만들 수 있어. 모두가 희망적이지 않아? 자신의 외모로부터 자유로울 수 있는 사람은 성숙한 사람이야. 이런 얘기를 듣다 보면 어떤 여자들은 이렇게 생각할 수도 있어.

'난 성숙하지 않아도 좋으니 얼굴만 좀 반반하면 좋겠다.'

물론 가능하지. 요즘같이 화장술이 발달된 세상에서 조금만 꾸미면 모두 아름답게 보일 수 있을 거야.

오늘날 성형 기술이 발달한 이유로, 외모지상주의가 만연된 문화에 대해서도 한마디 거들지 않을 수 없어. 내 경우 "성형은 절대 나쁘다"라는 꽉 막힌 입장은 아니야. 그저 과도한 성형에 대해 비판적일 뿐이지. 그 기준을 잡기가 쉽지 않을 뿐이고.

외모지상주의도 일종의 마약과 같다고 생각해. 끝도 없고 끊을 수도 없어. 턱을 깎는 김에 귓볼을 좀더 예쁘게 채워준다는 말에 걸려든 사람은 분명한 외모지상주의자이기 쉽지. 웹툰 '외모지상주의'로 크게 성공한 박태준 작가는 외모지상주의가 자존감의 문제라는 걸 훗날 깨닫게 되었다고 말했어. 그는 자신의 경험을 근거로 누구든지 스스로 당당해야 남들도 자기를 존중하더라고 말했거든. 다만, 이런 기준을 가지기 위해서는 성숙해져야만 해.

Character 성격 ꙮ

어느 결혼정보회사의 커플매니저가 상담(사실은 중매)을 하면서 알게 된 것이라는데, 커플들이 제일 많이 갈등을 겪고 갈라서게 되는 이유가 바로 성격 차이래. 어느 이혼 전문 변호사도 부부가 이혼에 이르는 이유 대부분이 성격 차이라고 하더군. 두 남녀가 만나서 처음 사랑에 빠질 때는 상대의 장점만 부각되기 마련이어서 성격 차이를 크게 못 느끼다가, 결혼생활을 지속할수록 갈등으로 몰아가게 만드는 것이 바로 이 성격 차이야. 성격 차이만큼 두 남녀가 만나 결혼하고 살아갈 때 고려해야 할 중요한 요인도 없겠어.

대부분의 남녀는 만나서 함께 사랑으로 살아가겠다고 할 때, 두 사람이 서로를 마주보기보다 같은 곳을 바라보며 살기를 원해. 하지만 서로에게 자기가 바라보는 곳을 자기 방식대로 함께 봐주

길 원하지. 서로에게 이런 기대를 가지게 되면 시간이 지날수록 기대와 현실의 간격 차이를 경험하지 않을 수 없어. 이는 갈등을 야기하게 되어 서로에게 불안과 스트레스를 안겨주게 되거든. 각자가 처음 가졌던 기대와 환상이 깨지고 갈등을 겪게 되면, 두 사람은 자연스레 그 갈등과 고통의 원인을 서로에게서 찾을 거야. 일단 거기까지 이르면 상대에게 자신이 원하는 대로 행동해줄 것을 요구하게 되지. 자기 생각에 따라 상대의 문제를 지적하며 교정하거나, 반대로 자신의 생각을 과도하게 부정적으로 보고 괴로워할 거야. 한편으로는 상대방이 틀렸다고 생각하고 다른 한편으로는 지나친 자책감을 느끼게 되니, 양쪽 모두 해결하기 어려운 악순환에 빠지고 마는 거야.

이럴 때 문제를 해결할 방법은 에드먼드 후설(Edmund Husserl)이 자신의 현상학에서 말한 개념 가운데 하나인 판단을 중지(epoche)하는 거라고 봐. 어떤 상황이나 현상을 자기가 더 잘 안다고 하거나, 내가 옳다고 주장하려는 욕구를 멈추는 것이 판단 중지를 선언하는 것이거든. 시간이 조금만 지나면 저절로 문제가 파악될 거니까. 그렇다고 그냥 감정이 엉킨 채로 말없이 가만히 있으라는 건 아니야. 서로 관성적으로 충돌하는 상황을 막기 위해 상대를 판단하지 말고 있는 그대로를 존중하는 것이지. 이런 '에포케'의 과정을 통해 각자가 자기성찰을 하고 서로의 진정성을 확인하게 될 때, 비로소 두 사람은 서로 하나됨을 경험하며 목표

한 곳을 향해 함께 비상할 수 있겠지.

그런데 성격을 뭐라고 할 수 있을까? 한 개인의 생각이나 판단, 감정적인 반응의 일정한 패턴이라고 할 수 있어. 어린 시절부터 청년이 되기까지 삶의 다양한 영역에서의 경험을 통해 형성되어 일관된 형태로 나타나게 되는 거야. 그런 만큼 성격은 결코 변할 수 없는 개성이야. 모든 사람이 다 얼굴이 다르듯, 사람마다 성격이 다르고 차이가 있는 것은 어쩔 수 없어.

성격심리학자 고든 올포트(Gordon W. Allport)는 개인의 성격을 설명하면서 공통 특질(common trait)과 개인 특질(individual trait)로 구분했어. 공통 특질은 많은 사람들이 공유하고 있고 문화권에 따라 공통적으로 경험되는 반면, 개인 특질은 어떤 한 사람을 대표하는 성격으로서 함께 오랫동안 같이 있으면 알 수 있는 성격이라고 말했어. 문제는 사람마다 자신의 개인 특질을 별로 돌아보지 않는 거야. 그러다 보니 대인관계에서의 성격 차이를 극복하지 못한다는 것이지.

Degree 학벌

영국 유학 중에 직접 겪었던 일이야. 내가 입학한 대학엔 한국에서 유학간 학생들이 40여 명 있었는데, 그중 30명 정도가 S대 출신이었어. 종종 한국 유학생들이 외국 사람들과 서로를 소개할 때 출신학교를 말하는 경우가 있었는데, S대 출신들은 항상 '내셔널'(국립)이란 말까지 붙여서 출신학교를 말하는 거야. 프랑스라면 모를까, 영국에선 로열(왕립)이 아니면 다 낯설고 수준낮게 여기거든. 그런 줄도 모르고 은근히 자랑하려는 마음에, 맥락도 없이 알아줄 것을 기대하는 심리였겠지. 더 놀라운 것은 영국 사람들의 태도야. 그들은 한국 대학의 서열 같은 건 전혀 관심이 없고 알지도 못해. 우리와 기준이 달라도 너무 다른 것이지. 우리나라 밖에서는 의식도 안 하는 기준이나 학력을 왜 우리는 그토록 중요시하며 그것에 인생을 거는 걸까?

언젠가 학벌 좋은 외무고시 합격생과 결혼한 제자가 아프리카 오지에 부임받아 간 외교관 남편을 따라갔다가 한동안 우울증에 걸렸다는 얘기를 들었어. 같은 아프리카 나라이지만 부부가 선교사로 갔던 또 다른 제자의 삶과 견주어 보면 후자가 훨씬 가치있고 자유롭지 않았을까?

하긴 요즘 우리나라에서도 학벌에 따라 더 잘 산다거나 미래가 보장된다는 편견이 많이 무너지고 있기는 해. 디그리(degree, 학벌)가 행복을 보장해주지도 않지만, 돈을 많이 버는 척도도 아닌 것이지. 따라서 좋은 학벌을 가지고 일류회사에 들어가기보다 차라리 야망이 있고, 그 야망을 성취할 수 있는 성실한 사람이 되도록 노력하는 게 더욱 중요하다고 생각해. 그런 사람을 만나는 것도 중요하고.

우리 사회는 결혼 상대에 대해서도 학벌을 많이 따지는 편인데, 제발 그러지 않았으면 좋겠어. 만일 사귀는 상대가 이미 그럴듯한 학벌을 가졌다면 오히려 다른 조건을 더 따져야 할 거야.

한때 정치가나 종교지도자 중에 학벌을 무슨 경력처럼 여겨서, 여기저기서 공부했다고 대학교의 이름을 다양하게 열거하며 자기를 소개하는 유행이 있었지. 이건 가난하고 배우지 못한 시절의 콤플렉스를 유산으로 물려받아 학벌에 약한 한국인들의 정서를 자극하려는 방식이야. 엄밀하게 들여다보면 다분히 사기적인 기질이 만들어낸 저급한 문화이기도 하지. 우리나라에서 이런 학벌 문화가 득세하게 된 이유는 지금까지 그것으로 출세할 수 있었고 또 출세할 것이라고 믿어왔기 때문이야. 하지만 이제는 공부를 출세나 사회적 신분 상승의 수단으로 여기는 풍토는 점점 사라지고 있어.

Economic Condition 경제적 조건

경제적인 조건이 중요하다는 점은 어느 정도 강조할 만하다는 생각이야. 아무것도 가진 것 없이 몸뚱이만 달랑 와서 여자를 꾀차려는 사람을 따라나설 수는 없잖아. 그런 사람은 무책임한 사람이야. 결혼하려고 프러포즈를 한 입장이라면 그럴듯한 집은 아니어도 최소한 방 한 칸 마련할 조건을 갖추든지, 아니면 거기에 상응하는 합리적인 계획이 있다고 설득할 수 있어야 하지 않을까? 오직 패기만으로, 오늘 잘 방도 없이 여관에서 자려는 사람이라면 결혼을 위해 아무것도 준비하지 않은 사람이 틀림없으니, 이런 사람은 믿어선 안 돼. 하지만 놀랍게도 현실에선 그런 사람이 종종 있지.

결혼을 준비할 때 영적인 조건이 중요하다는 말은 물질적인 조건이 필요 없다는 건 아니야. 일본의 여류작가 미우라 아야코의 말을 귀담아들을 필요가 있어.

"열심히 살겠다고 약속하고 결혼 후에 입을 딱 씻는 남자들을 믿겠다는 것은 미신이다. 그 행실이 어디 가겠는가?"

남자의 경우 요즘에도 가끔 돈 많은 여자를 만나고 싶다는 몽상 속에 사는 경우가 있어. 사랑보다 편리한 삶을 선호하는 것이지. 돈만 많다면 돌싱도 좋다고 너스레를 떠는 사람들은 심각할 정도의 불순한 부류라는 걸 드러내는 거야. 물론 총각이 돌싱녀와 얼마든지 사랑하고 결혼할 수 있고, 반대로 처녀가 애 셋 딸린 홀아비와도 얼마든지 결혼할 수 있지. 제네바의 개혁가 존 캘빈(John Calvin)도 애 딸린 과부와 결혼해서 살았잖아.

하지만 감리교의 창시자라는 존 웨슬리(John Wesley)의 경우는 사뭇 달랐어. 그는 평생 순진한 공부벌레로 지내다가, 어찌어찌

하다 사랑에 실패하고 결국 돈 많은 과부와 결혼하게 됐거든. 옥스퍼드 출신의 세상 물정 모르는 이 순진한 목사가 돈 많은 과부와 결혼하면 그 돈으로 함께 열심히 복음을 전하며 살 줄 알았는데, 막상 결혼하고 나니 여자가 돈을 안 주는 거야. 그도 그럴 것이, 신앙적인 헌신이 약한 여자 입장에서 복음 사역을 하겠다고 집 밖을 떠도는 남자에게 뭐하러 돈을 주겠어? 오히려 꿈 많던 웨슬리는 날마다 아내의 바가지에 시달리다 죽을 것만 같아 집에 들어가기 힘든 고통스러운 삶을 살았다고 해. 그나마 하나님이 그를 불쌍히 여기셔서 온갖 지역을 말 타고 떠돌아다니며 복음을 전할 은혜를 주셨으니, 어쩌면 계획과 상관없이 하나님의 일에 전념한 인생이라 그나마 다행인 거지.

　남자나 여자나 어느 쪽이든지 상대가 더 나은 경제적 조건을 가진 사람이라면 그 반대편은 무거운 짐이 될 게 분명해. 그렇다고 사랑하는 사람이 있는데, 경제적인 조건이 자기보다 훌륭하다고 해서 결혼할 수 없다고 자존심을 부리는 사람도 마찬가지로 바보이지만, 자기보다 더 큰 가능성과 더 나은 조건이 있는 짝을 만났을 때는 누구든지 무거운 짐을 기꺼이 지는 용기가 필요하다는 거야. 쉬워 보이는 인생은 없고, 기계적인 도식으로 사람을 이해해서도 안 되겠지.

Faith 신앙

신앙은 결혼의 최저 조건이고 기본 조건이야. 우리는 종종 사랑하는데 신앙이 왜 필요할까 하는 의구심을 가질 수도 있지만, 살다 보면 신앙만큼 절실해지는 건 없어. 결혼해서 싸우기도 하고 서로에게 충격을 받기도 하는데, 그럴 때는 말 그대로 딱 보기 싫을 때도 있거든. 바로 그럴 때, 신앙은 그 진가를 발휘해.

서양 속담에 "한 침대에서 두 원수가 잔다"라는 말이 있어. 부부싸움하고 칼잠 잔다는 말이야. 아마 이럴 때 최소한의 신앙이 없으면 사람들은 이혼이라는 생각을 주물럭거리게 될 거야.

근래 들어 급증하는 이혼은 엄청난 사회문제를 일으키게 되었어. 유치원이나 학교에서 아이들이 온전하게 자기 부모 밑에서 자라는 경우가 점점 줄어들기도 하고, 조부모가 육아를 맡거나, 부모보다 싱글이란 말의 사용이 조심스럽기도 하지.

부부에게 위기 상황이 올 때, 그래도 관계를 끝까지 이어줄 수 있는 것은 신앙이야. 이따금씩 결혼 상담을 할 때 털어놓는 대표적인 고민거리 중에는 결혼까지 생각하는 상대가 신앙이 없다는 문제야. 이럴 때 나는 겉으로야 태연한 표정을 유지하지만, 속으로는 나사(NASA)를 몸서리치게 했던 아폴로 13호를 떠올리곤 해.

지구를 출발하여 달에 다녀오는 임무를 띠고 케네디우주센터에서 발사되었던 아폴로 13호는 발사 직후부터 일련의 사고로 산

소탱크가 폭발하는 심각한 상황에 처하게 되었어. 우주선의 폭발로 인해 터져 나온 하얀 입자 거품을 한발 늦게 창밖으로 내다본 아폴로 13호의 우주인은 미션콘트롤센터에 "휴스턴, 문제가 생겼다"(Houston, we've had a problem)라고 알렸지. 그들은 모든 임무를 포기하고 달을 향하던 궤도를 수정해서 불가능에 가깝던 지구 귀환에 성공하기에 이르게 되지. 결혼할 상대에게 신앙이 없다는 건 고장난 우주선처럼 이미 치명적인 문제가 생긴 거나 다름없는 거야.

사실 신앙의 중요성은 더 이상 강조한다는 게 무의미할 정도야. 결혼 후에 상대를 예수 믿게 만들겠다고 하는 건 말 그대로 아폴로 13호의 지구 귀환만큼이나 위험한 발상이지. 이는 마치 생존을 담보로 행복을 얻겠다는 모험인 셈이야. 만일 결혼 전에 상대가 신앙인이 아닌 걸 알게 되었다면, 나는 결혼 자체를 다시 생각해보라고 말할 거야. 그것만큼 결혼이 왜곡되는 경우도 없으니까. 그건 결혼이 뭔지도 모르는 채 결혼하는 것과 같은 거야. 신앙이 없으면 교회와도 무관하지만, 세상이 뭔지도 모르는 것이라고 생각하기 때문이지.

만일 결혼해서 상대를 믿게 하면 되지 않겠냐고 생각하는 사람이 혹 있다면, 그런 용기로 결혼을 먼저 하기보다 최소한 2-3년 정도 교회 생활을 같이 해보자고 해서, 학습과 세례까지 받고 신앙의 기초를 확인한 후까지 기다리면 좋을 거야. 물론 그렇게 용기가 있는 사람이라면, 그런 상황을 아예 만들지도 않겠지.

우리같이 이기적인 사람들은 살면서 하나님이 먼저가 아니고 내가 먼저일 때가 많아. 무엇이든지 하나님 없이 내가 먼저 결정하고 나중에 하나님의 재가를 얻으려 하는 모든 시도는 당장 멈춰야만 해. 신앙은 결코 액세서리가 아니야. 혹시라도 이미 날부터 잡아놓고 이런 경고를 듣게 되었다면, 당장 결혼에 대한 집중 과정이라도 밟아서 배우자 신앙부터 해결하고 다음 단계로 나아가는 게 좋을 거야.

신앙 또는 믿음이 뭘까? 영어로는 페이스(faith)이지만, 사실은 헬라어 피스티스(pistis)를 번역한 신실함(faithfulness)이 정확한 의미야. 우리는 보통 신앙이란 말을 인간 쪽에서 예수 그리스도를 믿는 것이라고 사용할 때가 많은데, 예수 그리스도 자신의 신실함, 더 확장해서 하나님의 언약에 대한 신실하심을 의미하는 거야. 영어에서 믿는다는 단어 빌리브(believe)는 원래 자동사이기 때문에 전치사가 필요하지 않지만, '예수를 믿는다'는 말을 할 때는 빌리브 인(believe in)이라고 타동사처럼 전치사를 사용해. 그 이유는 예수 자체를 믿는 게 아니라 '예수 안에서' 일어난 하나님의 언약적 신실하심을 믿는다는 뜻이기 때문이야.

우리가 하나님의 구원에 대한 신실하심뿐 아니라, 하나님께서 우리 인생 가운데 항상 개입하시고 인도하셔서 하나님이 되어주신다는 언약의 확신을 가지고 살아갈 수 없다면, 하루하루의 삶이 얼마나 불안하고 두렵겠어? 이런 점만 보더라도, 신앙만큼 우리를 어떤 상황이라도 단단하고 강하게 버텨줄 수 있는 것은 없어. 그럼에도 예외가 늘 있는 거니까, 만일 상대가 비그리스도인임에도 결혼하게 된 경우라면 하루하루 일관되게 믿는 바와 실천하는 바를 일치하는 삶을 살면서, 더욱 하나님을 신뢰하며 의지하라는 말을 해주고 싶어.

Gate 가문

결혼예식장에 가면 양가의 부모들이 입구에서 하객을 맞이하고 있는 모습을 흔히 볼 수 있지. 장례식에서는 상주(喪主)가 망인(亡人)의 자녀들인 반면, 결혼식의 혼주(婚主)는 결혼하는 두 사람의 양가 부모야. 식전까지 결혼식의 꽃인 신부는 비밀스럽게 대기실에 숨어 있는 반면, 신랑은 부모 옆에 서서 부모가 소개해주는 하객들에게 인사하지. 전반적으로 볼 때 결혼은 당사자인 신랑신부보다 부모의 비중이 큰 편이야. 과연 그 이유는 뭘까? 결혼을 두 사람만의 사랑의 결속을 넘어 가문끼리 맺는 집안의 거사로 여기는 결혼제도의 전통이 남아 있기 때문일 거야.

　최근에는 급격하게 결혼의 제도가 바뀌면서 사랑과 성이 더욱 강조되는 경향을 보이고, 갈수록 결혼의 모드가 두 사람에게 집중되는 경향으로 바뀌고 있는 것도 사실이야. 하지만 결혼이 두 사람의 사적인 결합이면서 동시에 두 가문이 개입된 공적 문제로 인식되는 전통도 역시 존재하지. 그러니 여전히 상대의 집안이 중요하다는 말로 이해할 수 있어. 집안을 본다는 결혼의 조건은 결혼을 통해 정치경제적으로나 사회문화적으로 자기 가문의 여건이 더 윤택하게 될 것을 기대하는 동기가 우선적으로 있기 때문이거든.

아이러니하게도 오랫동안, 결혼을 두 사람이 사랑해서 가정을 이루는 것이라고 생각하지는 않아왔어. 결혼을 시대별로 연구한 스테파니 쿤츠(Stephanie Coontz)는 자기 책 《결혼》(Marriage: A History)에서 결혼이 정치경제적 거래이자 사회문화적 제휴였다고 했어. 그녀는 고대부터 현대에 이르기까지 방대한 역사적 자료를 연구해서 결혼이 시대에 따라 어떻게 변천되었는지 세밀히 연구했지. 고대 사회에서 결혼은 재산과 땅을 물려주는 가장 중요한 수단이 되었을 뿐 아니라, 유력한 가문들이 사회적 네트워크와 정치적 영향력을 확장할 수 있는 주요 수단이었어. 결혼으로 가문의 경계를 넘어 협력적인 관계로 동맹을 맺거나, 노동력을 키우고 유대감을 넓힐 수도 있었고. 심지어 결혼은 근대의 스페인과 합스부르크(Habsburg)의 관계를 말하지 않더라도 군사 동맹과 평화조약을 체결시키는 구실까지 했거든.

이런 가문 중시 현상은 결혼에서 두 당사자 간의 사랑이 중시된 이래로 많이 사라졌어. 그럼에도, 결혼을 가문을 통해 지위와 재산을 물려주는 최고의 수단으로 간주하는 일부 계층에 의해 오늘도 지긋지긋하게 유지되고 있어. 비뚤어진 인간의 탐욕이 여전히 지배한다는 것이지. 특히 이들이 가문을 중요시하는 기준이란 게 주로 물질적인 세계관에 한정된다는 점이야.

이런 유형의 가문의 조건을 강조하는 것이 부정적일 수밖에 없는 이유는 좋은 가문을 선택하고 검증하는 데 소요되는 에너지도 에너지려니와, 그 방식도 음습하기 짝이 없어서 그늘진 루트를 따르기 때문이지. 예컨대 어느 유력한 가문 입장에서 상대의 가문을 알아볼 때 사적으로 흥신소나 '마담뚜'를 통해 알아보거나 공적 기관을 통해 전과기록을 조회하는 방식을 취하는데, 이런 일들은 의외로 조작에 취약하거든. 더구나 결과적으로 가문이 좋다는 걸 확인했다고 한들, 어떤 가문이든지 3-4대 이상 순탄하게 영성이 유지되는 가문이란 없어. 그러니 가문의 조건이란 한낮 미신에 걸려든 집단망상이나 다름없어.

노블리스 오블리제(noblesse oblige)라는 말도 마찬가지야. 이 단어는 사회적으로 지도자 입장이나 지위에 있는 사람들이 마땅히 지녀야 할 도덕적이고 정신적인 의무라는 뜻이지. 높은 명문가의 명예를 강조해온 용어로 잘 알려졌고, 이와 관련해서 감동적인 이야기들이 전해지고 있어. 하지만 나는 이 말이 은근히 명예로운 가문을 전제하고 있다는 점에서 그리 매력적인 말은 아니라고 봐. 상위계층의 지배 논리를 정당화하는 수단으로 오용될 수도 있어서야. 인간공동체의 진정한 평등의식을 가졌다면, 새삼스레 노블리스 오블리제 같은 도덕적 의무감을 실천하는 것 이상으로, 우리 모두가 항상 땅으로 내려가는(down to earth) 삶을 살아야 하잖아. 가문이나 명예라는 생각은 아예 다 잊고, 보다 근본적으로 이타적인 삶을 실천하는 게 옳지 않을까?

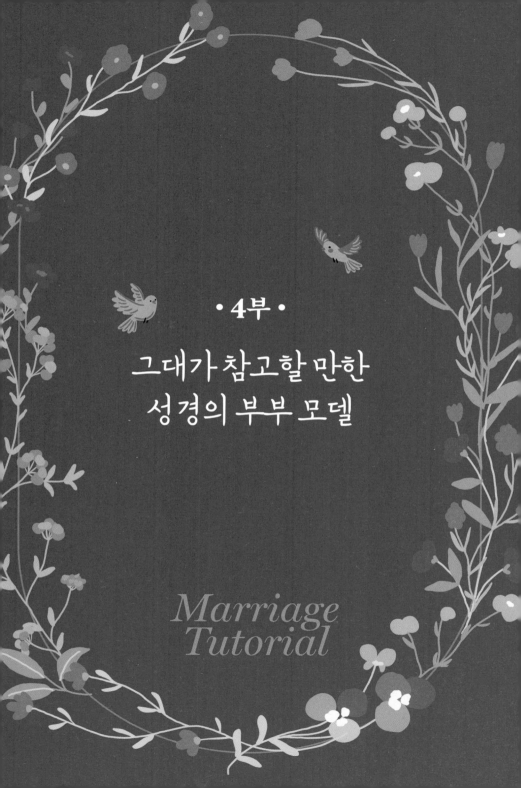

· 4부 ·

그대가 참고할 만한
성경의 부부 모델

Marriage
Tutorial

고르고 고른 세 커플

이제 결혼과 관련하여 성경에 나오는 부부의 유형 중 셋을 선정해서 살펴보려고 한다. 처음엔 성경에서 부부의 유형을 가능하면 다양하게 골라 제시하는 책을 쓰려고 했다. 그러나 성경에 긍정적인 부부 유형이 별로 나오지 않아 실패했다.

알고는 있었지만, 성경은 참 냉정한 입장을 가진 책이 분명하다. 어쨌든 다시 성경을 찾아보니, 자랑할 만하거나 미래지향적이며 어느 정도 괜찮은 이상적 부부는 구약과 신약에서 한 커플씩밖에 없었다. 구약에선 보아스와 룻, 신약에선 아굴라와 브리스길라. 이 두 커플에게 그나마 우리 크리스천 부부들이 본받을 만한 뭉클한 감동과 서사를 가졌다고 보아서다. 모든 부부의 기원이며 대표적인 유형이라 할 아담과 이브와 함께 이들을 소개하기로 했다.

왜 그런지 성경에 나오는 부부들 대부분은 우리들처럼 문제투성이다. 어쩜 그렇게 우리와 똑같거나, 아예 그 이상이라는 점은 정말 이상하다. 이 말에 쉽게 동의하지 못하겠더라도, 성경의 현실이 실제 그렇다. 예컨대 아브라함과 사라는, 믿음의 조상이라는 타이틀을 가진 것과 별개로 보면, 부부로선 그냥 탈락이다. 아브라함은 일찍이 기근으로 가나안을 떠나 애굽으로 내려갔을 때 파라오에게 아내 사라를 누이로 속여 넘겨준 일이 있었다. 부부의 시각에서 볼 때 비겁함을 넘어 명백한 '배신각'이다. 더 결정적인 문제는 아내의 몸종이던 하갈에게서 혼외 자식을 얻어 집안을 초토화시킬 폭탄을 터뜨리기도 했던 일이다. 믿음의 조상이라는 명예로운 호칭은 거의 말년의 행적 때문이지, 그의 평생은 그저 우리처럼 하나님의 애물단지, 그 자체였다.

사라도 결점이 있던 건 마찬가지다. 가장 결정적인 결점은 아들에 대한 하나님의 약속을 비웃은 일이다. 아이러니하게도 할머니 뻘이 된 자기 처지에서 아들을 낳게 해주시겠다는 말씀은 농담처럼 들릴 만한 것이었다. 그래도 그녀가 그 약속을 엿들었을 때 피식하고 비웃어버린 태도는 차라리 불신앙이라 할 만하다. 오죽하면 하나님께서 그렇게 낳은 아들의 이름을 이삭(비웃음)으로 지어 주셨겠는가? 이삭은 결코 미소가 아니다.

다른 예로, 내가 신학교를 다니던 시절에 성경 좀 안다는 목사님들이 현모양처의 귀감으로 한결같이 리브가를 꼽는 걸 귀가 따갑게 들었던 기억이 있다. 그래서 이삭과 리브가 부부가 매우 이상적인 듯 보이게 했다. 하지만 그건 리브가의 처녀 때 모습의 일면에 불과하다. 리브가는 이삭과 결혼하여 가정을 이루며 생활할 때, 특히 자녀교육 관점에서 본다면, 그들 부부는 나란히 편애의 늪에서 헤매며 살았다. 이삭은 장남 에서를, 리브가는 둘째 야곱을 각각 애지중지했다. 그 결과는 형제의 비극적 삶의 연속이었다. 야곱은 도망자 생활을 해야 했고, 돌아오기까지 수십년이 걸렸다.

구약의 또 다른 걸출한 인물인 다윗도 비슷하다. 다윗의 정치적 정략 결혼 내용에서 이미 살폈지만, 그를 위협하던 왕이 죽어서 형편이 나아졌을 때, 그가 미갈을 다시 찾은 이유는 사랑하는 아내와 결혼생활을 회복하려는 것이 아니었다. 이스라엘 10지파에게 자신이 왕실 가족이라는 걸 보여주려는 단순한 정략적 목적 때문이었다. 원래 그는 순수한 마음을 솔직하고 자유롭게 표현하는 데 능한 예술가로서 시인이고 가수였지 않은가.

반면에, 구약과 신약에서 각각 대표 커플로 소개하는 보아스와 룻, 브리스길라와 아굴라는 성경의 어떤 부부와도 다르다. 그들이 남긴 이야기는 무엇보다 하나님을 사랑하고 교회를 사랑한 그들의 믿음과 삶의 실천을 따뜻하게 전한다. 특히 우리가 그토록 목말라 하는 언약과 하나님나라에 따른 삶을 사는, 성경적이고 이상적인 삶의 방식을 가르쳐주는 모델이다. 이들을 통해 성경이 우리에게 강력히 요구하는 부부로서의 삶의 모습을 배우기를 바란다.

　왜 우리는 삶에서 우리의 편견을 없애지 못하고, 하나님의 언약을 붙들지 못하고 사는가? 보아스가 이방 여인에 대한 편견을 없애고 룻과 결혼한 것을 통해, 하나님께서 다윗의 가계를 이으며 메시아의 족보를 유지하신다는 걸 볼 수 있기를 바란다.

　왜 우리는 브리스길라와 아굴라처럼 교회를 섬기되, 부부의 삶 전체를 섬김과 헌신에 매달리지 못하는가? 하나님은 우리 부부의 삶 전체를 통해 교회와 연결되기를 원하신다는 걸 알기를 바란다. 부부의 삶이 하나님나라의 인터스텔라에 뛰어들기를 기대하시기 때문이다. 이것이 바로 이 두 부부 유형을 성경의 대표적 부부 모델로 소개하는 이유다.

아담과 하와,
알고 보면 우리처럼 평범하단다

모든 시대 부부의 원형

수혁과 은영은 내가 아담과 하와를 왜 부부 모델에 포함시켰다고 생각해? 첫 번째 부부여서라기보다, 사실은 우리와 가장 비슷한 부부 유형으로 보여서야. 성경에 많은 부부들이 등장하지만, 아담과 하와만큼 우리들과 비슷한 부부도 없을 거야. 그들은 처음 하나님의 소개를 받자마자 사랑에 빠졌고, 이내 부부가 되었어. 에덴에서의 삶을 꿈꾸며 멋진 설계를 했지만, 이내 뱀의 유혹을 받았지. 부부가 함께 죄를 지었고, 타락한 후엔 하나님의 추궁을 받고 빠져나갈 궁리만 하다가, 서로 핑계거리를 대며 콩깍지가 벗겨지는 모습은 오늘 우리와 닮아도 너무 닮았어. 두 사람은 모든 남녀를 대표할 뿐 아니라, 부부로서도 완벽한 예가 되는 것 같아.

수혁과 은영은 혹시 소곤소곤 말 전달 놀이(Chinese Whispers)라는 걸 해봤어? 첫 사람이 오리지널 메시지를 옆 사람에게 귓속말로 전하고, 그 사람은 또 그 옆사람에게 전하고, 그렇게 몇 사람을 거치면서 나중엔 완전히 다른 이야기로 바뀌는 걸 함께 보며 재미를 느끼는 게임이지. 같은 말을 들어도 말이란 게 전달 과정에서 단어들이 달라지거나, 때론 문장의 뜻이 완전히 달라지기도 하잖아. 그렇듯이, 사실 하나님께서 선악과를 따먹지 말라고 말한 사람은 부부 가운데 남편인 아담이었어. 하와는 아담을 통해 한 다리 건너 그 명령의 말씀을 들었을 거야.

여기서 잠깐 드는 의문은, 과연 아담이 하나님의 금지 말씀을 하와에게 잘 전달했을까 하는 거야. 물론 아담을 의심하지는 않지만, 정확한 워딩이 빗나갈 가능성은 있었다는 거지.

아담과 하와가 선악과를 먹은 후, 하나님께서는 즉시 아담을 불러서 추궁하셨어. 하나님의 첫 말씀이 뭐였지?

"아담아, 네가 어디 있느냐?"

그때 나무 뒤에 숨었던 아담이 나타나 겨우 한다는 말이 "부끄러워 숨었어요"라는 거였어. 하나님의 질문이 장소가 어디냐고 물어보신 걸까? 아담이 숨은 장소가 아니라, 그의 태도를 물으신 거잖아. 아담이 지금 죄 가운데 있는지를 확인하신 것이지. 그런데 아담은 자기가 지은 죄를 곧바로 직면하고 회개하기보다, 둘러둘러 핑곗거리를 찾아 말하는 비겁함을 보인 거야.

하나님이 주셔서 나와 함께 있게 하신 여자 그가 그 나무 열매를 내게 주므로 내가 먹었나이다 _창 3:12

여자가 나무 열매를 줘서 어쩔 수 없이 먹었다는 거야. 여자라는 말은 당시 문맥에 맞은 단어로, 바로 아내였어. 이게 말이 된다고 생각해? 그것도 그 아내에게 수식어를 붙였는데, "하나님이 주셔서 나와 함께 있게 하신 여자가"야. 여자만 걸고 넘어간 게 아니야. 하나님도 걸고 넘어갔어. 여자가 줘서 어쩔 수 없이 먹었는데, 그 여자도 하나님이 내게 주신 여자라는 거야. 아담은 한 문장에 쿠션을 두 번이나 작동시킨 것이지. 자기도 잘못했지만 여자 책임도 있고, 하나님의 책임도 없진 않다고 교활한 속내를 슬그머니 내비쳤어.

하지만 아담의 이 변명은 우리가 살면서 너무 자주 경험하는 우리 모습 같지 않아? 이런 아담의 말은 우리 입에도 항상 달고 다

루벤스, 인간의 타락(The Fall of Man by Peter Paul Rubens, 1628-29)

니는 거잖아. 여자 입장에서 아담의 변명이 어떻게 들렸을까? 나름대로 생각해서 같이 먹자고 했던 건데, 어찌 저리 자기만 쏙 빠져나갈 궁리를 하느냐고 기분이 몹시 상했겠지. 우리 같아도 "에라, 앞으로 짜장면이나 너 혼자 먹어라" 할 거 같아. 물론 아담 입장에서는 억울할 수 있어. 여자가 줘서 먹었다는 말이 변명 같지만, 그는 사실을 얘기한 것뿐이라며 "뭐가 어째?" 하겠지. 하지만 서로 이런 핑계를 대는 모습이 보통 우리네 부부에게 자주 나타나잖아. 서로 따지며 화내고 다투는 태도야말로 전형적인 아담과 하와의 후예가 틀림없어.

아담의 검지손가락

수혁과 은영은 로마에 가본 적 있어? 로마는 모든 시대의 예술작품이 있는 도시여서 더욱 특별한 것 같아. 2천년 전 로마제국 시기와 5-6백년 전의 르네상스 시대, 판테온이나 바티칸의 대성당, 심지어 현대 건축과 지하철까지 모든 시대의 건축물이 있어. 예술품들도 마찬가지지. 그중에서 듣기만 해도 단연 압권인 르네상스 대작 중에 시스티나 성당의 천장 프레스코 천정화(The Ceiling)가 대표적인 게 아닌가 해. 일본의 번역을 우리말로 재차 번역하면서 '천지창조'라는 빗나간 제목으로 알려진 이 그림의 중심에는 유명한 아담의 창조가 있지. 말만 들어도 누구에게나 쉽게 떠오르는 아담과 하나님이 서로 손을 뻗어 검지손가락끼리 도킹하는 장면이 그거야. 미켈란젤로(Michelangelo)는 아담과 하나님의 두 검지손가락이 만나는 지점을 천정 중앙에 창조의 상징으로 그렸어. 그래서 그림을 올려다보는 모든 시선이 창조주 하나님이나 아담(사람)의 검지손가락 끝에 집중되도록 한 것이지.

이 그림을 자세히 보면 하나님의 손가락은 강하고 에너지가 넘치는 반면, 아직 생명을 받아들이기 전의 아담은 다소 무기력해 보이고 손가락도 힘이 없어 살짝 처져 있는 모습이야. 성경은 아담이 생명을 얻는 통로가 코라고 한 데 반해, 미켈란젤로는 손가락으로 표현한 거야. 그 이유는 아마도 미켈란젤로가 손을 통해 작품을 창조하는 예술가였기에 손을 강조했던 것 같아. 그리고 인간에게 하나님이 주신 것은 생명만이 아니라 하나님과의 연결, 연합, 소통이기에, 미켈란젤로는 생명을 얻은 아담과 연결하려는 하나님을 이렇게 표현한 거라고 봐.

창조주 하나님이 세상을 창조하신 과정을 보면 대단한 예술가이시지. 실재와 이미지의 완벽한 매치메이커야. 독일의 절대적 관념론자 헤겔(G. W. F. Hegel)의 저 유명한 문구, "사실적인 것은 관념적인 것이고 관념적인 것은 사실적인 것"이야말로 아마 절대자를 가장 잘 반영해 묘사한 말이 아닐까?

하나님은 창조과정의 모든 단계에서 창조의 결과를 보시면서 스스로 매번 좋았다고 하셨어. 하지만 모든 창조의 중심인 아담이 맡은 일을 수행하는 모습을 보시면서는 그가 혼자 있는 점을 좋지 않게 여기셨다고 했어. 창조 이야기 도중에 흐름이 살짝 바뀐 거야. 아담에게 열등하거나 종속적이지는 않지만 온전하게 돕는 배필이 필요했던 거야. 그걸 곧바로 실행에 옮기셨지. 그렇다고 하나님은 아담을 위해 또 다른 남자를 창조하지는 않으셨어. 하나님은 아담을 깊이 잠들게 하시고 그의 몸에서 갈비뼈를 뽑으셨지. 그 결과가 여자잖아.

이러한 모습의 이브를 창조하는 장면은 많은 교회 건축의 조각에서 발견되기도 해. 그중 이탈리아 투스카니를 여행하며 봤던 시에나(Siena) 근처 '산 지미냐노'(San Gimignano) 마을의 교회 외관 벽에 새겨진 조각은 마치 창세기 2장을 재현했다는 인상을 주고 있어. 작은 고대의 언덕마을 산 지미냐노 교회의 조각 제목은 '이브의 창조'야. 하나님께서 잠든 아담의 옆구리에서 이브의 손을 잡아 일으켜 세우는 장면이거든. 곧이어 아담이 감탄하며 여자에 대한 찬사를 보내고 있지. 하나님은 이브를 아담과 동등하게 만드셨어. 아니, 어쩌면 그녀를 더 영광스럽고 존귀하게 완성하셨어.

스콜라 철학의 아버지로 불리는 성 안셈(St. Anselm)은 아담의 갈빗대에서 만든 이브에 대한 주석에서 "종복자로서 발에서 태어난 것도 아니고, 지배자로서 머리에서 태어난 것도 아니고, 동반자로서 옆구리에서 태어났다"라고 했어. 알레고리 냄새가 듬뿍 묻어 있지만, 무슨 뜻인지 충분히 이해할 만해.

많은 논란이 있는 갈빗대라는 표현에 대해서도 마찬가지야. "내 뼈에서 나온 뼈요 내 살에서 나온 살"이라는 구절은 과학적 사고가 반영된 게 아니라 그저 문학적 비유잖아.

처음 여자 이브가 영광과 존귀를 위해 창조된 것처럼, 이후의 여자 후손들도 동일한 영예가 주어져야 마땅해. 남자들이 여자에게 영예로운 존중을 표하는 방법으로 매사에 우선권을 주어야 하는 것이지. 요즘 말로 소위 '레이디 퍼스트'(lady first)야. 베드로는 이걸 뭐라 했냐면, "여자를 더 존중하되 사적이든 공적으로든 말과 행동을 통해 존중하라"고 했어(벧전 3:7). 왜냐하면 과분한 은혜를 여자와 함께 상속받았기 때문이야.

이브의 모든 것

'이브'라는 제목이 붙은 텔레비전 드라마나 노래가 어찌나 많은지 몰라. 대충 눈에 띄는 것만 골라 봐도 이브의 사과, 이브의 창조, 이브의 사랑, 이브의 결혼, 이브의 유혹, 이브의 시간, 이브의 경고, 이브의 모든 것 등등, 단숨에 말하기 어려울 정도야. 더구나 이브가 붙는 제목들은 왠지 야릇한 뉘앙스를 풍기기도 하잖아.

이런 제목들을 차례로 열거해도 재미난 스토리를 만들 수도 있겠다는 생각이 드네. "이브가 창조되자마자 사랑에 빠지고, 이브가 결혼을 하고, 이브가 유혹을 받아 사과를 먹고, 이브가 경고를 받았다는 이브의 모든 것!"

우리는 이브의 피부색이나, 눈동자와 헤어 컬러나, 웃을 때 모습 같은 게 어땠는지에 더 관심이 생기지만, 잠시 이름부터 살피는 게 좋겠어. 이브(Eve)는 히브리어 이름 하와(Hawwah)의 영어식 이름이야. 라틴어 헤바(Heva)에서 에바(Eva) 또는 이브로 변화된 단어야. 우리말 성경은 영어에서 직접 번역하기보다 히브리어 성경에서 번역했기 때문에 하와라고 했어. 히브리 성경 맛소라 사본보다 더 오래된 헬라어 70인 번역에는 원래 유아(Eua)로 기록되어 있고, 그걸 히브리어로 복원하면 하와가 되지.

하와라는 히브리어엔 생명이라는 뜻이 있어서, 그대로 보면 모든 살아있는 사람들의 어머니야. 그런데 하와는 처음 이름이 아니고, 나중에 타락한 후에 아담이 지어준 이름이지(창 3:20). 처음 아담이 이브에게 지어준 이름이 여자(Ishah)였다고 했지? 하나님께서 이브를 자기에게 데려오셨을 때, 그가 난리법석을 떨면서 좋아하여 부른 이름이 바로 이쇼, 여자였는데, 자기가 이쉬(남자)라는 점에서 아주 재미있는 언어의 유희를 구사했어.

아담이 그만큼 펄쩍 뛰며 기뻐했던 데는 그만한 이유가 있었어. 그녀가 그에게 너무나 적합했기 때문이야. 그들은 함께 완벽한 쌍을 이루었어. 하나님께서 그녀를 지으신 목적대로, 그들은 서로를 보완하여 둘이 한 몸을 이루었어. 완벽한 전체로서 하나를 형성하고, 조화로운 팀이 되어 나란히 임무를 행하게 되었지. 이게 바로 하나님께서 설계하신 두 사람의 모습이야.

이브는 여자로 세상에 창조되자마자 여자 이상의 자리에 올랐어. 그녀는 단지 여자라 불리는 명칭에서 한 걸음 더 나간 거야. 이쇼라는 명칭에는 아내라는 뜻도 있거든. 마치 김춘수 시인이 '꽃'에서 말한 것과 같아. "내가 그의 이름을 불러주었을 때, 그는 나에게로 와서 꽃이 되었다."

이브는 이제 아담에게 와서 아내가 되었어. 이름을 불러주었을 때 꽃이라는 대상을 통해 존재의 본질에 닿고자 했던 것처럼, 이브 역시 아담에게 참된 존재의 가치를 드러낸 거야. 두 사람은 단순히 남자와 여자이기보다 남편과 아내로서 삶의 동반자가 되었고, 부부가 한 몸이 되었을 때 하나님께서 계획하신 새로운 목적을 바라볼 수 있었지. 이브는 여자 이상의 존재가 된 거야.

그들은 언제든지 서로에 대해 조력자가 될 수 있었어. 조력자 또는 협력자가 된다는 것이 상대보다 아래에 있다는 것을 의미하지는 않아. 아내는 때로 남편보다 강하고 지혜롭기도 하지만, 남편보다 약하고 섬세하기도 하지. 이는 아담과 함께 머리를 맞대어 의논하고 서로 지혜를 모아 나란히 서도록 하기 위함이야. 이제 아담은 아내와 함께 훨씬 더 지혜롭게 삶을 대할 뿐 아니라, 심지어 고통과 고난을 견딜 수 있는 힘을 가지게 되었어. 하나님이 아담의 옆구리를 취하셔서 아내를 창조하신 이유는 아담과 함께 나란히 삶의 여정을 함께 걷도록 하기 위해서였던 거야.

하지만 그게 다가 아니야. 아담과 이브가 남편과 아내로서 가정을 이룬 것만큼 더 큰 비밀도 없기 때문이지. 둘은 가정을 이루고, 이제 이브는 아내의 역할만 아니라 어머니의 역할도 하거든. 이브는 여자에서 아내로, 아내에서 어머니도 되어 가정을 이루는 신비로운 하나님의 계획을 실행하는 거야. 여자의 역할은 남자와 함께 가정을 이루어 아내가 되며, 또한 어머니가 된다는 점이지. 모든 여자가 어머니는 아니지만, 모든 어머니가 여자인 것은 맞잖아.

이브의 미모에 대해서는 짐작일 뿐이지만, 미드라쉬(Midrash)의 랍비들에 따르면 역사상 가장 아름다운 여자라는 주장이 있어. 뭐, 별로 반박할 이유는 없겠지. 그들의 설명이 주로 성경의 뒷배경을 다룬다는 인상을 줘서 인용 가치가 높다고 여겨지진 않지만, 그래도 성경을 떠나지 않는다는 점에서는 점수를 주고 싶기도 해. 그들은 아브라함의 아내 사라의 아름다움에 비한다면 모든 인간은 유인원처럼 못생겼다고 사라의 미모를 극찬했어. 반면에, 이브에 비하면 사라조차 유인원처럼 보였다고 말하니 이브를 전 인류 가운데 최고 미인으로 여긴 것만은 분명해.

한 가지 재미있는 것은, 히브리 남자들은 그런 이브라 해도 아담에 비하면 원숭이처럼 보았다는 거야. 아담만이 하나님의 형상대로 직접 창조되었기 때문에 전 역사에서 가장 아름다운 창조물이라고 주장하기 때문이지. 이런 어리석은 유대의 남성중심주의 논리는 괜히 아담만 더 욕 먹게 할 뿐이지만, 그들의 고집에는 두 손 두발 다 들 수밖에 없지. 이런 주장들을 주로 랍비들이 한다는 점에서, 간혹 그들 중에 게이가 있는 게 아닌가 하는 합리적(?) 의심이 들 때도 있어.

나는 그런 랍비들의 주장과 완전히 거꾸로 생각해. 아주 간단하게 아담과 이브를 뒤집어 놓아야 한다는 거지. 처음에 하나님께서 아담에게 이브를 데려오셨을 때, 아담은 분명 경외심과 감사의 마음으로 이브를 바라봤잖아. 이브야말로 하나님의 창조적 천재성이 가장 결정적으로 드러난, 은혜의 손길로 빚은 모습이었으니까 그랬지. 하나님의 모든 피조물 가운데 이브가 가장 아름다운 피조물인 것은 틀림없었어. 아담 입장에서 자기처럼 하나님의 형상으로 창조된 이브를 어떻게 좋아하지 않고 견딜 수 있었겠어? 더구나 이브는 자신의 일부였잖아. 그녀는 자기와 동등할 뿐 아니라 보완자이자 상대자였거든. 그는 타고난 사랑의 감정으로 그녀를 받아들였을 거야. 이제 외로움은 끝이라고 생각하며 놀라운 행복감에 젖었겠지. 두 사람의 사랑은 완전하게 시작되었고, 모든 피조물 중에서도 가장 아름답고 이상적인 부부가 탄생한 거야.

이브의 사과

인류 역사에 센세이션을 일으킨 네 개의 사과가 있어. 첫 번째는 이브의 사과이고, 둘째는 뉴턴의 사과이며, 셋째는 세잔의 사과이고, 넷째는 스티브 잡스의 사과야. 개인적으로는 이 넷 중에 세잔의 사과가 가장 아름답지만, 수혁이와 은영이는 어떤 사과를 고르겠어? 애플? 이브의 사과와 잡스의 사과가 한입 베어먹었다는 이미지로는 같은 사과 아닐까? 맞아, 잡스가 이브의 사과를 똑같이 재현했겠지.

그런데 에덴에서 뱀이 이브에게 먹으라고 유혹한 선악과가 왜 사과로 알려졌을까? 성경은 사과라는 언급을 일체 하지 않고 그냥 선악과 정도로 개념을 말한 게 전부야. 초기 기독교 예술을 보면 인간의 타락을 묘사할 때 종종 무화과가 나와. 그런데 나폴리의 산 제나로(San Gennaro) 두오모의 지하 묘지에서 발견된 인간의 타락을 묘사한 2세기 최초의 작품에는 사과로 묘사됐어. 아마도 선악과가 사과라는 말이 전해져 내려오게 된 이유는 헬라어로 사과(melon)를 라틴어 말루스(malus)로 옮겼을 때 악(malum)과 유사한 단어라서 사용하게 되었을 거라 여기기도 해.

런던 남쪽, 템즈 강이 굽이쳐 흐르는 지역에 리치몬드 공원이 있어. 공원이 얼마나 큰지 울타리 쳐진 공원 중에서는 세계에서 가장 넓어. 뉴욕 센트럴 파크보다 세 배나 넓지. 거기에는 사슴도 뛰어놀고 말을 타는 전용도로도 있어. 골프장도 18홀 코스가 2개나 있지. 공원 안에 '아담의 연못'이 있고 에덴동산으로 불리는 '이사벨라 가든'이 따로 있을 정도야. 수백년간 발달해온 영국의 조경기술이 한껏 반영된 이사벨라 가든은 아름다운 꽃들과 나무들로 숨막힐 정도의 아름다움을 뽐내는 곳이야. 거기에는 연못이 세 개나 있지만, 에덴과 다른 딱 한 가지는 마음껏 먹을 수 있는 과일나무가 부족하다는 거야.

아담과 이브가 살던 에덴은 말 그대로 최초의 신혼부부가 즐기던 낙원이었어. 그들은 매 순간 하나님의 선하심을 맛보며 완벽한 삶을 살았지. 에덴이라는 단어의 뜻이 기쁨이듯, 그곳에서 그들은 즐겁고 순수하고 황홀한 삶을 마음껏 누리며 기쁘게 살았어. 하나님의 완전한 계획이고 의심할 여지 없는 완벽한 결혼이야. 천국에는 결혼이 없다지만, 혹시 있다 해도 아마 계시록 22장에 묘사된 에덴의 벤치마킹 정도 아닐까 해. 에덴은 네 강의 근원지로 물이 풍부했고, 먹을 수 있는 식물로 뒤덮인 아름답고 푸른 낙원이야. 하나님께서 그들을 에덴에 두신 것은 두 사람에게 일용할 양식을 공급하시는 방법이기도 했어.

에덴에서의 그들의 삶은 자유롭지만 질서가 있었어. 아담과 이브는 자유로우며 동등했지만, 그들은 위로 하나님께 순종하면서 아래로는 다른 모든 피조물을 살펴야 했지. 에덴에는 무한한 자유와 권위의 질서가 있었기에 서로 교제하고 사랑할 수 있었어.

두 사람은 서로에게 특별한 사람이었고, 서로에 대해 감사할 수 있었어. 벌거벗었으나 서로 부끄럽지도 않았지. 이건 오늘날까지 부부에게 부분적으로 남아 있는 하나님의 은혜이기도 해. 완전히 순수한 두 사람의 모습은 오직 에덴만이 보장해줄 수 있는 행복하고 평화스러운 생활에서 나타난 거야.

하지만 "모든 좋은 것에는 끝이 있다"라는 말이 있잖아. 바로 '무슨 일'이 일어났고, 그들의 에덴 생활은 끝이 났지. 그저 일상적인 말 몇 마디를 주고받으며 시작했다가, 돌이킬 수 없는 심각한 사태가 터지고 말았어. 두 사람만이 아니라 온 우주가 나락으로 떨어진 엄청난 사건이었는데, 종종 우리가 살면서 겪는 교통사고와 비교해서 얼마나 차이가 나는지 짐작해보는 것도 흥미로울 거야.

자동차 운전을 하면서 사거리를 건너는데, 신호가 바뀌어 노란불이 끝나가는 순간 무리하게 속도를 높여 사거리를 건너다가 교통사고를 냈다고 가정해 봐. 그 후 두고두고 후회하면서 '그때 거기서 멈췄더라면 얼마나 좋았을까' 하고 밤잠을 설치게 되겠지. 물론 이 정도는 이브가 에덴에서 겪은 사건과 비교할 수 없을 거야. 에덴의 사건이 우주적으로 영향을 끼친 사건이었다면, 교통사고는 그저 어느 한 개인의 잘못이고 한 지역에서 일어난 일에 불과하니까.

아마도 에덴에서는 아담과 이브가 일상에서 각자 할 일이 있었고, 그들은 밤낮으로 함께 지낼 수 있었을 거야. 그러나 성경은 이브에게 유혹자가 접근했다고 새로운 이야기를 시작하지. 뱀의 몸을 도구로 사용한 사탄이 그 유혹자라는 사실은 의심의 여지가 없어.

성경은 뱀을 간교한 짐승이라고 했지만, 간교하다는 뜻의 히브리어 아룸(arum)은 지혜롭다는 뜻도 있어. 예수님도 마태복음에서 비둘기처럼 순결하고 뱀처럼 지혜로우라고 권면하신 적이 있잖아. 이건 단순히 뱀의 패러독스가 아니라, 뱀에 대한 부정적 선입견으로 간교하다고 번역한 것으로 보여. 말인즉슨, 사탄이 간교한 것이야 맞지만, 들짐승으로서 뱀은 단지 타락 전의 피조물 중 하나일 뿐이거든. 분명한 건 유혹자가 뱀의 몸을 도구로 조종하는 사탄이란 점이야.

뱀은 이브에게 접근해서 하나님의 말씀에 의문을 제기했어.

참으로 하나님께서 너희에게 동산 모든 나무의 실과를 먹지 말라 하시더냐 _창 3:1

뱀의 질문에는 말을 덧붙인 과도한 과장법이 포장되어 있어. 그러자 이브도 비슷한 톤으로 "하나님이 먹지도 말고 만지지도 말라고 하셨다"라고 마치 억하심정을 털어놓듯이 대답해버렸어. 뱀의 질문에 벌써 감정이 물들어버린 것이지. 그러자 뱀은 확신에

차서 "너희가 결코 죽지 아니하리라!"고 단호하게 부인해버리지. 선악을 아는 나무의 열매를 먹기로서니 죽다니, 그게 말이 돼? 뱀은 참 용맹스럽게 강한 척을 하는데, 군주론을 쓴 마키아벨리(Machiavelli)의 말처럼, 여자는 사려깊은 늙은이보다 단호박 젊은이를 좋아한다는 세상 논리를 철저히 따른 거야.

> 너희가 그것을 먹는 날에는 너희 눈이 밝아져 하나님과 같이 되어 선악을 알 줄 하나님이 아심이니라 _창 3:5

뱀의 이런 말투는 오늘날 우리도 종종 듣게 되는데, 사탄의 방법은 아무리 세월이 흘러도 크게 변하지 않아. 사탄은 오늘도 우리에게 의심, 왜곡, 부정 등으로 접근하고, 우리는 이브처럼 그의 희생양이 되어 자주 넘어지곤 해.

자, 그러면 하나님이 말씀하신 사실이 어떠했는지 한 장만 앞으로 가서 살펴 보자고. 뱀이 왜곡하고 뒤집어버린 말씀은 결코 나오지 않아. 오히려 하나님께서는 아담에게 "동산의 각종 나무의 열매는 네가 임의로 먹으라"(창 2:16)고 하셨지. 다만 "선악을 알게 하는 나무의 열매는 먹지 말라 네가 먹는 날에는 반드시 죽으리라"(창 2:17) 하셨고.

이 말씀은 하나님께서 아담과 이브에게 피조물로서 창조주에게 순종을 상징하는 의미로 명령하신 거잖아. 사탄은 사탄대로 선악을 알게 하는 나무를 이용해서 그 자신의 사악한 반역을 행했지만, 아담과 이브도 하나님의 명령에 대항하여 반역을 행하기는 마찬가지였어. "여자가 그 열매를 따 먹고" 그리고 "그 남편에게도 주니 그도 먹은지라."

아담도 이브 옆에 같이 있었던 모양인지 얼른 받아먹었어. 여자가 남자에게 미치는 영향력은 정말 대단히 강력하기 때문이야. 하나님은 아담에게 이브를 돕는 배필로 주셨으나, 그녀의 탐욕스러운 마음은 그녀 자신과 남편까지 멸망시키고 말았지.

아담은 아내의 말을 이상하리만큼 순순히 따랐어. 뱀의 말도 믿었는지, 그들이 선악과를 먹은 직후에 사탄이 그들에게 약속한 신성한 지혜를 함께 기다렸던 것 같아. 하지만 오히려 끔찍한 죄책감과 수치심만 그들을 덮치고 말았어. 불행의 시작이었지.

사탄은 오늘날 우리에게도 너무 많은 것들을 약속하지만, 실제로 건네주는 건 부정적인 것 외엔 거의 없잖아. 사탄은 우리에게 자유와 지혜와 즐거움을 약속하지만, 결국 우리에게 주어지는 것은 속박과 죄책감과 수치심과 고통, 그리고 죽음이야. 그런 의미에서 오늘날 광고 매체들이 약속하는 것들은 사탄의 약속과 참 비슷하단 말이지.

놀라운 건 아담과 이브가 함께 치명적인 반역에 뛰어들었다는 거잖아. 우리는 종종 타락 이야기를 생각할 때 간과하는 점이 있어. 뭐냐면, 아담 또한 타락에 동참했다는 사실이야. 우리는 선악과를 먹은 순서에 경도되어 이브의 죄가 아담보다 크다고 여기거든. 아담은 어쩔 수 없이 이브에 이끌려 죄를 지은 것처럼 생각하곤 하지. 마치 소크라테스나 웨슬리가 악처를 만나 힘든 인생을 살았던 것처럼 생각하고 아담을 동정하곤 해. 그래서 항상 이브에게 더 많은 타락의 책임이 있는 것으로 말하기도 하거든.

하지만 둘은 모두 범죄했고, 책임으로 따진다면 이브보다 아담이 더 크다고 할 수 있어. 왜냐하면 아담은 이브가 범죄할 때 죄를 짓지 않기 위해 노력한 흔적이 전혀 없기 때문이야. 여자가 선악과를 먹을 때 남자도 같은 방식으로 같은 선택을 했잖아. 오히려 여자보다 더 먹고 싶어했을지 몰라. 그 두 사람은 동등하게 창조되었음에도, 마치 아담이 더 흠결 없는 인간인 양, 이브의 범죄에 비해 아담은 매우 소극적으로 반응했다는 걸 강조하는 경향이 있어. 하지만 하나님은 아담에게 더 큰 책임이 있다고 여기셨는지, 그들이 저지른 범죄에 대해 정곡을 찌르며 아담에게 물으셨어.

"내가 네게 먹지 말라 명한 그 나무 실과를 네가 먹었느냐?"

아담은 은근슬쩍 책임 회피부터 하며 자기 대신 이브와 하나님 탓으로 돌렸어. "하나님께서 나와 함께 하게 하신 여자가 나무 열매를 내게 주므로 내가 먹었나이다."

인류의 대표답지도 못하고, 구차하고 한심했지. 하나님은 아담의 어리석은 수작을 뻔히 아시고 복장이 터지셨지만, 이번에는 이브에게 재차 질문하셨어.

"네가 어찌하여 이렇게 하였느냐?"

"뱀이 나를 꾀어서 먹게 했어요."

하와도 뱀에게 둘러댔지. 두 사람이 수건돌리기 하듯 연쇄적으로 핑계를 댔지만, 그렇다고 책임이 면제되지 않는다는 걸 그들은 몰랐을까?

이제 뱀부터 차례대로 심판을 받게 되지. 뱀에 대해서는 배로 기어다니고 살아있는 동안 흙을 먹을 거라고 하셨어. 그뿐 아니라 뱀은 여자와 원수가 되고 뱀의 후손도 여자의 후손의 원수가 될 것인데, 여자의 후손이 뱀의 머리를 상하게 할 거라고 하신 거야. 그리고 여자는 '임신하는 고통을 크게 더하여 수고하며 자녀를 낳을 것'이라고 하셨어. 여기서 우리가 잘 아는 해산의 고통이 커지는 심판을 받게 된 거야. 원래 출산이 여자의 몫이긴 했지만, 고통이 더해진 건 심판이었어.

출산은 징계의 과정이지만, 사실은 은혜의 공급이기도 하잖아. 그래서 바꿔 말하면, 여자가 아이를 낳는 건 부부의 문제가 해결되고 회복된다는 것을 의미하고, 다시 가정이 세워진다는 암시이기도 해.

여자에게 하나 덧붙인 하나님의 징계는 남편을 원하며 남편에게 다스려진다는 거야. 남편을 원한다는 말은 남편을 욕망하며 그리워한다는 말이기도 하지. 이 말은 여자가 남자를 친밀감과 애정으로 욕망한다는 말이기보다 남자를 자기 휘하에 두려고 한다는 뜻이야. 그녀가 남편을 소유하고자 하지만, 그러나 남편은 거기에 저항하고 도리어 아내를 지배하게 된다는 말이지. 즉, 타락 이후의 결혼, 즉 남편과 아내는 더 이상 협력적인 관계이기보다 지배권을 놓고 투쟁을 벌인다는 거야.

이브의 경우, 타락의 중심에 섰던 그 한 번의 행동으로 유명해지기보다 악명이 더 높아졌어. 전체 역사를 통털어 문학, 철학, 예술은 이브를 묘사할 때 유혹자나 고귀한 야만인, 또는 사기꾼의 이미지로 묘사했지. 여자에 대한 가장 원시적인 두려움과 욕망, 경멸과 단순함이 그녀에게 투사되잖아. 3세기 서방 교부인 터툴리안(Tertulian)은 여자들에 대한 결정적인 편견을 드러내기도 했어. 인용만으로도 끔찍하고 죄책감이 들 정도야.

"너희 여자들은 사탄의 문이다! 너희는 너희 각자가 이브인 줄을 모르느냐? 너희의 성에 대한 하나님의 선고는 이 시대에도 계속되고, 죄책도 필연적으로 살아있다."

하지만 바보 같은 교부야, 결단코 여자 홀로 원죄의 뿌리가 아니라는 걸 모르는가!

심판의 마지막 순서는 아담이야. 심판에 예외는 없고 벌의 무게는 달라도, 심판은 모두에게 주어졌지. 다만 그 순서는 죄의 유입 순서를 따른 것으로 보여. 아담은 선악과를 먹는 것이 죄인 줄 뻔히 알면서도 뱀으로부터 아내를 지키지 못했잖아. 이제 그는 저 주받은 땅에서 평생 수고하고 땀을 흘려야 먹을 수 있다고 심판

받았지. 그때까지만 해도 먹는 것 하나만큼은 에덴에서 보장받았지만, 이후부터는 먹고사는 삶 자체가 호락호락하지 않고 어려운 고난의 연속이 될 거야.

둘이 하나 되어 저지른 범죄

아담과 이브는 부모를 떠나 둘이 한 몸을 이룬 부부였어. 아담과 이브에게는 따로 부모가 없었음에도 부모를 떠나서 둘이 하나가 된다는 말씀이 있는 이유는 이들이 인류의 조상이기에 모든 결혼하는 남녀를 위한 상징적 가르침 때문이었어.

둘이 한 몸이 된다는 표현은 성경이 의도적으로 결혼에 성적인 관계가 포함되는 걸 나타내기 위해 특별히 사용한 용어로 보여. 여기서 의미하는 결합은 성관계라는 선물이며, 오직 결혼생활 안에서만 주어지는 것으로 제한된 배타성을 강조하는 표현이야. 성은 결혼생활을 하나로 묶는 접착제, 즉 다른 모든 사람이 아닌 오직 배우자와만 굳건히 붙게 해주는 접착제이지.

아담과 이브가 한 몸이 되었다는 말은 두 사람의 배타적인 성적 결합과 함께 더 이상 분리될 수 없이 친밀한 관계가 되었음을 보여주는 거야. 그들은 이제 영적으로, 정신적으로, 감정적으로, 육체적으로 하나라는 뜻이지. 두 사람은 완전한 결합과 완벽한 조화를 이룬 부부가 되어 에덴에서 살았어.

하나님께서 두 사람을 친밀하게 결속시켜 한 마음, 한 뜻, 한 몸으로 살도록 하신 의도는 그들에게 에덴의 피조물들을 섬기고 다스리는 임무를 맡기기 위해서였어. 에덴은 잠재적 킹덤이었으니까. 하지만 그들에게 에덴에서 뱀에게 유혹받는 위기가 찾아왔을 때, 이 부부의 하나님에 대한 신뢰와 친밀감은 크게 흔들렸어. 이 부부가 일심동체로 짜고 배반을 모의한 것은 아니지만, 하나님의 말씀을 은근히 엉뚱하게 해석하여 언약을 망각해버렸지. 언약은 깨지라고 있는 게 아니라 지키라고 있는 건데, 파괴자인 사탄의 말에 귀를 기울인 순간 행위언약은 파기되고 말았어.

하나님께서 두 사람에게 주신 결속과 친밀감은 공교롭게도 그들을 나란히 언약을 파기하는 자리에 빠뜨리는 무기가 되었지. 하나님께서 이끌어주신 친밀감으로 결속된 부부가 그 친밀감으로 하나님의 말씀을 얕보고 말았던 거야.

범죄에 결속된 부부가 빚은 참사는 마치 열차 사고로 탈선되는 객차처럼 되돌릴 수 없는 처참한 결과를 낳고 말았어. 부부가 함께 음모를 꾸민 건 아니지만, 하나님께서 워낙 그들을 친밀한 관계로 결합시켜주신 결과, 하나님과의 관계를 유지할 순종보다 스스로의 자유로, 각자의 삶을 선택하는 자리로 차고 나갔어. 결과적으로 그들은 하나님께서 심판하시는 자리에 섰을 뿐 아니라 그들 사이를 방해하는 불신과 낯선 자기주장을 경험하게 되었지.

그들이 취한 자유로운 선택은 그들조차 낯설게 만들었고, 모든 다른 연대 의식까지 깨어지게 만든 거야.

이제 두 사람은 타락하기 전의 그들이 아니야. 남편과 아내로서 둘이 한 몸을 이룬 친밀감은 어디로 사라졌는지 이전과 달리 벌거벗은 모습이 부끄러웠고, 서로에 대해서도 수치심을 느끼게 되었어. 이는 하나님과 인간 모두와의 관계를 변화시켰지. 이것을 성경과 다른 문화적 기원을 가진 헬라의 신화에 빗대어 말하자면, 헬라에서 마치 이브처럼 최초의 여자로 창조된 판도라가 상자를 열어 세상에 악을 풀어준 것과도 같아. 아담과 이브는 한 몸으로 결속되었지만, 타락 이후의 친밀감은 더 이상 예전과 같지 않았지. 이제 그들의 자의식은 오스카 와일드(Oscar Wilde)의 《도리안 그레이의 초상》(The Picture of Dorian Gray)에서 도리안이 말했던 것처럼 되어버렸어. "각자에게는 천국과 지옥이 있어. 인간의 영혼에는 동물성이 있는 반면 육체에는 영성의 순간을 가졌지. 타락은 여러 면에서 모든 관계를 변화시켰어. 죄가 그렇게 만든 거야. 죄는 모든 관계를 손상시켰지."

아담과 이브는 사탄뿐 아니라 하나님조차 비난했어. 특이한 점은 둘 사이에 있던 친밀감과 결속은 온데간데없이 사라지고, 두려움과 수치심, 그리고 서로를 향한 핑계가 잡초처럼 자란 거야. 서로에 대해 비난은 있었지만, 후회나 회개가 보이지 않은 건 무척 안타깝지.

타락의 결과는 조금도 아름다운 구석이 없는 끔찍한 이야기가 되어 버렸어. 모든 관계의 연합이 깨진 현상을 보여주고 있지. 하나님께서 아담에게 네가 그 나무 열매를 먹었느냐고 물어보셨을 때, 타락한 남자는 자기 살겠다고 스스로 "살 중에 살이요 뼈 중에 뼈"라고 고백하며 좋아했던 아내에게 손가락질했어. 부부의 연합은 깨졌어. 친밀한 결합이 선명하게 기억될수록 배신감과 실망감도 그만큼 커졌지. 남편은 아내와 하나님에게, 아내는 뱀에게 핑계를 댔는데, 의도적으로 서로의 관계를 깰 목적이 아니라 자기들도 모르게 자기 잘못을 인정하고 싶지 않아서 그런 핑계를 댄 거야. 잘못을 인정한다는 건 인간이 스스로 결함이 있는 존재라는 걸 인정하는 셈이잖아.

타락 이후 인간에게는 무의식적으로 자신의 실수나 결함을 인정하지 못하는 자기합리화가 본능으로 나서곤 했어. 인간 내면에 자리 잡은 하나님처럼 되고자 하는, 완벽하려는 욕망이 역설적으로 작동되는 것이지. 자기책임을 전가하는 것으로 자신을 지키고, 상대방을 결함 있는 존재로 만들 수 있다고 믿는 어리석은 존재가 된 거야. 아담과 하와는 모든 면이 우리와 너무 똑같아.

8장

보아스와 룻,
사랑 너머 큰 뜻을 이루는 부부

고전과 성경 : 사랑 이야기의 차이

수혁과 은영은 '로미오와 줄리엣의 효과'라는 말을 들어봤어? 로미오와 줄리엣과는 직접 상관이 없기도 하고 반박도 생겨나고 해서 요즘은 잘 사용하지 않지만, 부모나 주변에서 말리면 말릴수록 더 불붙는 사랑을 가리키는 말이야. 실제 13세기의 이탈리아 베로나를 배경으로 일어난 것으로 알려진 이야기가 대표적이지.

10대의 젊은 남녀 주인공이 첫눈에 반하는 이야기를 다룬 윌리엄 셰익스피어의 '로미오와 줄리엣'이야. 그야말로 운명적인 사랑의 아름다움을 다루는 고전 중의 고전이지.

또 하나, 트로이전쟁이 일어난 배경을 다룬 일리아드의 서사적 옷을 입은 사랑 이야기는 훨씬 더 오래된 고전으로 주목할 만하다고 생각해. 은근히 신과 영웅들의 사랑과 전쟁 이야기가 적당히 섞여 버무리되면서 수백년간 구전으로 전해오다 호메로스의 시대에 서사시로 나타났던 것이지. 현대에 접어들면서 가공을 거쳐 제작된 영화들과는 아주 다른 정서와 분위기야. 예컨대, 우리는 스파르타의 헬레네 왕비와 트로이의 파리스 왕자가 사랑에 빠져 함께 야반도주 한 것이 그 전쟁의 발단이라고 알고 있지만, 호메로스의 서사시대에는 그런 류의 사랑이 도덕적 규범을 넘어선 불륜이라고 여기지도 않았어. 스파르타의 메넬레우스 왕이 사랑을 되찾으려는 데서 전쟁을 시작한 게 아니라, 단순히 자기 소유권을 빼앗긴 것이 분해서였던 거야.

놀랍게도, 성경에는 이 작품의 배경과 비슷한 시기에 일어난 사랑과 결혼 이야기가 있어. 문화나 시대적 장르 구분을 뛰어넘는 독특한 내용을 담고 있지. 튀르키에의 트로이에서 멀지 않은 땅, 유대 베들레헴 근처에서 일어난 그 아름답고 모범적인 만남과 사랑 이야기의 주인공이 바로 보아스과 룻이야. 이들의 이야기는 구약의 작은 책 룻기에 실려 있지만, 성경 전체로 실제로 확대되어 뿌리를 내리고 결실을 거두었다고 봐야 해.

룻기에 나오는 이 두 사람을 살펴보면 출신 배경이 모두 유대인 인듯 하고 아닌듯하기도 해서 우선 놀랍지만, 남자는 부유한 대지주인 반면 여자는 이삭 줍는 가난한 이방인 과부라서 더 놀라게 되지. 이 두 사람은 아담이 이브를 처음 만났을 때처럼 처음부터 홀딱 반하여 시를 읊으며 프러포즈를 하고 결혼에 돌입하지는 않았어. 그들은 조용한 만남을 통해 도움과 배려의 관계를 맺고, 그들 사이의 인격적 연합의 과정을 거쳐 결혼에 이르렀거든. 특이한 것은, 두 사람의 사랑과 결혼이 성경 전체의 이야기와 궤를 같이하며 지속적으로 울림을 주었다는 거야.

성경에서 이상적인 부부의 모델을 찾을 때 의외로 괜찮은 경우가 별로 없다는 건 참 의외라고 앞에서 말했지. 그래서 그런지 보아스와 룻의 모델은 더욱 돋보인다고 나는 생각해. 두 사람이 결혼에 이르는 과정이 묘사된 매우 짧은 이야기를 통해 그들이 어떤 사람들인지 확실히 알게 되기도 해. 각자 남편과 아내로서의 관점으로 보거나 사회적 평판으로 볼 때 이들에게선 인간적 면모의 통합능력이 보이고, 신앙적 차원의 용기있는 헌신과 순종이 매우 출중한 것이 확인되니까. 이 두 사람이 성경이 내세울 만한 언약적 카테고리에 부합한 경건한 하나님의 사람들인 건 분명해.

보아스와 룻의 이야기는 트로이의 전쟁과 사랑 이야기만큼 오래된 이야기이지만, 다른 모든 고전 이야기보다 더 생생하게 사랑을 숭고하고도 아름답게 그려. 그 결실로서 건강한 결혼에 이르는 성경적 기준을 제공하기도 하고.

오늘날 같은 미투(Me Too) 시대를 살면서 남녀의 만남과 사랑 이야기를 평가할 때 인격의 감춰진 의도까지 드러나듯이, 보아스와 룻의 이야기는 그런 관점에서도 충분히 아름답고 가치있는 모델이야. 보아스는 부유하고 권력을 가졌지만, 가난한 이방여자 룻을 기사도와 존경심으로 대했거든. 그럴 경우 얼마나 많은 남자들이 괴롭힘과 착취의 대상으로 여자를 대하는지가 미투 이야기를 통해 드러나잖아.

성경에서 보아스는 룻에 대해 유다 지파의 고엘(기업무를 자)로서 그녀의 두 번째 남편으로서 결혼하게 되지만, 룻기의 외연을 확장하여 구약 전체의 시각으로 봐야 하는 성경적 족보를 형성하기도 했어.

나를 사랑한 스파이의 후손

마태복음의 처음 족보에 보아스의 어머니가 나오지? 누구일까? 가나안 여인 라합이야. 연도를 계산해보면 두 사람 사이에 갭이 많은 것도 사실이어서, 카슨(D. A. Carson) 같은 신학자는 어머니를 할머니나 조상으로 번역하는 것도 합리적인 대안이라고 말할 정도야. 아무튼 라합과 살몬이 보아스의 직접 부모가 되든 안 되든 가까운 조상이라는 점은 분명해. 어쨌든, 그래도 우리는 라합을 보아스의 어머니로 전제하고서 살펴보자고.

라합은 어떤 여자였지? 여호수아 시대에 가나안을 정복할 때 가나안의 첫 성이던 여리고 사람이야. 그 라합은 여호수아가 보낸 이스라엘의 두 명의 정탐꾼들을 숨겨준 가나안 기생으로 알려졌지. 히브리어로 기생은 조나(zona)인데, 이 말은 창녀 또는 제의적 매춘부라는 뜻이야. 신학자들은 그녀의 공로를 인정하는 입장에서 시대마다 그녀의 신분을 아주 부드럽게 해석하는 기술을 적용하기도 했어. 예컨대 창녀를 '여관주인'이라고 한다거나, 아니면 그녀의 직업 자체를 인정하지 않을 수 없다는 점에서 '순결한 창녀'라는 모순적인 말을 만들어냈지.

성경은 보아스의 어머니를 라합이라고 하면서 동시에 아버지를 살몬이라고 했어. 살몬(Salmon)이라 해서 연어(鳶魚)라는 말은 아니야. 외투라는 뜻의 히브리어 이름이고, 여호수아가 보냈던 정탐꾼 중 하나의 이름이지. 그러니까 여리고의 기생 라합이 이스라엘의 첩보원 살몬과 나중에 결혼하게 된 거야. 첩보영화 가운데 '나를 사랑한 스파이'처럼, 라합과 살몬이 그런 인연으로 결혼해서 룻기의 주인공 중 하나인 보아스를 낳았다는 이야기지.

여호수아서에 나오듯이 이스라엘 진영에서 두 명의 스파이가 여리고에 급파되었는데, 이들 중 하나가 유다 지파의 살몬이었어. 그가 적의 영토를 염탐하기 위해 여리고에 갔다가 정보가 새어나가는 바람에 잡힐 위기에 놓이게 되었잖아. 그런 위기 상황에서 집주인이던 라합이 스파이를 구하게 되고, 결국 그 도시는 이스라엘에 의해 정복되면서 약속대로 그녀를 구하기에 이르지. 그때 이스라엘에 큰 공을 세운 라합은 스파이 중 하나인 살몬과 사랑에 빠져 결혼하기에 이르렀고, 보아스를 낳음으로써 이스라엘의 중추적 지파이며 하나님의 메시아 가문인 유다 지파의 대열에 들어서게 되었다는 이야기야.

여리고를 정탐할 당시 라합은 스파이에게 말했었지.

"내가 그대를 선대했으니 이제 여호와께 맹세하고 그대도 내게 진실한 표를 달라."

당시 보아스의 아버지인 살몬은 20대였는데, 라합이 요구한 표를 결혼서약의 징표와 유사하게 언약의 표징으로 받아들였을 거야. 당연한 말이지만, 당시 라합은 이스라엘의 하나님을 믿었기 때문에 이스라엘의 두 스파이를 구출했고, 그 공로가 인정되어 이스라엘의 유대 가문에 시집까지 오게 된 거지. 보아스는 혈통적으로 가나안인과 히브리인의 혼혈이었지만, 신약의 마태가 소개하는 메시아 족보에 올랐어. 그의 부모인 라합과 살몬도 마찬가지야.

성경의 족보는 이방 출신이거나 족보의 혼합라인까지도 필요에 따라 간과하고, 오직 메시아 대망의 믿음을 기준으로 족보에 올리는 걸 보여주고 있어. 예수의 족보에 오른 다섯 여인, 다말과 룻과 라합과 밧세바와 마리아 등이 바로 거기에 속해. 예컨대 메시아의 족보라 할지라도 집안이나 가문, 심지어 과거의 행적이나 경험조차 따지지 않고, 오직 하나님의 메시아 약속을 기준으로 족보에 올린다는 거야. 성경에서 보아스의 어머니 라합을 등장시키는 지점을 봐도, 그녀가 여리고 출신의 기생이었지만, 오직 이스라엘의 하나님을 믿었다는 사실만 강조할 뿐이잖아.

이와 함께 보아스가 자라면서 어머니로부터 어떤 교육을 받았을 거라 생각하는 건 그리 어렵지 않지. 그의 어머니 라합은 보잘 것없는 이방 출신의 허드레 계층에 지나지 않았지만, 아버지 살몬과 함께 이스라엘의 가나안 점령을 위해 대단한 공을 세운 이스라엘의 영웅적 가문을 새로 일으켰을 거야! 물론 보아스의 아버지 살몬도 12지파를 대표해서 정탐꾼으로 뽑혔을 정도니까 믿음의 가문 출신이었겠지.

게다가 보아스는 어린 시절부터 이방인들에 대해 그만큼 열려 있었을 것이고, 모압 출신의 룻에 대해서도 어머니와 비슷한 처지라 여겨 더 진한 연민을 느꼈으리라 짐작되기도 해. 물론 그가 계대결혼에 응하는 과정에서 율법의 절차를 흠결 없이 지켜나가는 모습을 보여준 것만 봐도 율법을 철저히 존중하며 따르는 지혜로운 인물이라는 걸 알 수 있지. 아마 이방인 출신의 어머니 라합에게 이스라엘의 율법과 율법에 대한 태도를 철저하게 배웠을 것이고, 그렇지 않을 때 벌떼처럼 난리를 피우며 공격하는 율법주의자들의 군상을 경험했을 수도 있을 거야. 보아스의 이름 뜻이 민첩 또는 빠르다는 거니까, 배우고 실천하는 데도 재빨랐음이 틀림없어.

미드라쉬는 나오미를 포함해서 보아스에 대해 유다 지파의 세부적인 족보 정보를 제공하고 있어. 우리가 생각하는 것보다 훨씬 복잡해. 랍비 바야 바트라에 따르면, 나오미의 아버지와 남편 엘리멜렉 그리고 보아스의 아버지 살몬은 모두 암미나답의 아들 나손의 아들들이었다고 해. 엘리멜렉은 나오미의 남편일 뿐 아니라 그녀의 삼촌이었고, 보아스의 삼촌이기도 했어. 이 족보에 따라 나오미와 보아스는 적어도 사촌 관계로 서로 잘 아는 사이였다는 게 드러나지. 문제는 룻기에 나오는 사랑과 결혼이 나오미와 보아스의 사이에서 벌어지는 이야기가 아니라 나오미의 모압 출신 이방인 며느리 룻과 나오미의 친족인 보아스 사이에서 벌어지는 이야기라는 점이야. 오늘날의 시각으로 봤을 때는 상당히 복잡하게 엉켜 있는 족보일 수 있지만, 이스라엘을 포함한 고대 사회에선 그리 드문 일도 아니지.

절망의 구름 아래에서 이삭을 줍다 ✎

구약 룻기는 전체 2,400단어의 아주 짧은 책이야. 단편소설처럼 빠르게 읽을 수 있지. 기원전 12세기경에 쓰인 룻기는 아마 기록된 모든 사랑 이야기 가운데 가장 오래됐을 거야. 당시의 시대적 배경은 이스라엘 백성이 하나님의 길을 버리고 우상숭배와 거듭되는 내전과 기근으로 황폐한 사사시대의 어느 시점이었어. 룻기의 전체 분위기는 룻과 보아스의 낭만적인 사랑과 결혼이지만, 막간은 룻이 아닌 나오미의 비극적 상황묘사로 시작하고 해피엔딩으로 끝나고 있어. 풍요를 찾아 고국을 떠났지만 풍요를 겪지도 못한 채 남편 엘리멜렉의 죽음을 겪었지. 타국에서 슬픔 속에 남편을 땅에 묻고 난 이후부터는 두 아들로부터 소망을 찾아야 했지만, 장성한 두 아들마저 잃는 상황에 처하게 되었어. 모압에 간 지 10년 만의 일이야.

집안의 모든 남자들이 죽고 절망에 빠진 나오미와 그녀의 두 며느리, 즉 세 명의 과부만 남겨진 상황이라는 건 그들의 처지가 반전되는 게 불가능하다는 걸 암시한다고 봐야 해. 이제 그녀들은 아무런 법적 소유권이나 경제적 권리를 주장할 토지조차 없을 뿐 아니라, 생계를 꾸려갈 아무런 자원도 없는 과부들이었어.

고대의 상황에서 여자들이 사회적 약자가 된다는 것은 학대와 착취의 표적으로 노출되었다는 뜻이야. 그래서 나오미는 두 며느리를 모압에 머무르라 강권하고 홀로 베들레헴에 돌아갈 결심을 하는데, 며느리 중 하나인 룻은 한사코 자신의 운명을 나오미와 이스라엘과 함께하겠다며 따라왔어. 룻은 하나님의 섭리를 믿고 나오미와 함께하기로 한 거야. 어느 시대든지, 전 세계 어디서나 누군가 시어머니를 말할 때는 부정적인 진술이나 흥보는 에피소드를 먼저 말하는 경향이 크지만, 룻은 진심으로 하나님을 사랑하고 또한 시어머니를 사랑했기 때문에 어려울 때 함께 하고 싶었던 거야.

나오미와 룻이 베들레헴에 도착했을 때, 나오미를 알고 있던 고향사람들의 떠들썩한 소리를 들어야 했어. 나오미는 알아볼 수 없을 정도로 구부정하고 슬프고 주름지고 수척한 늙은이가 되어 있었지. 오죽하면 나오미가 한탄하기를 "나를 더 이상 기쁨이라 부르지 말고 쓰디쓴 마라라고 부르라"고 했을까? 그녀는 확실히 슬픔이 덮은 얼굴로 변할 만큼, 소중하다고 여겨온 모든 걸 잃어버렸어.

비극은 결코 단숨에 사라지지 않는 법이야. 그만큼 삶의 재건도 쉽게 끝나지 않지. 나오미와 룻이 유다의 땅 베들레헴에 왔지만 기쁨이 회복되기까지는 시간이 더 필요했고, 그 사이 일용할 양식의 해결을 위해서는 방법을 마련해야 했어. 사실 룻이 모압을 떠나 나오미를 따라나선 것도 이런 상황을 함께 헤쳐 나가기 위해서였어. 이럴 때 룻은 그냥 주저앉아 있는 여인이 아니야. 그녀는 최선을 다해 삶을 개척해 나가는 용기있는 여인이었어. 그들이 베들레헴에 도착했을 때는 마침 보리 수확기여서, 우선 룻은 나오미에게 이삭줍기에 나설 것을 허락해 달라고 하고 동네 보리밭에 나갔어.

룻이 왜 보리밭으로 갔겠어? 이스라엘의 구제 풍습 가운데 밭의 일부 면적, 정확히는 60분의 1에 해당하는 지역에서 굶주린 가난한 자들이나 나그네들이 이삭줍기를 해도 된다고 규정한 율법 때문이었어. 아마 룻은 나오미에게 얘기를 듣고 즉시 실행에 옮겼던 것으로 보여. 물론 율법이 규정한 사회보장제도라 할지라도 부유한 지주들은 율법을 지키지 않는 경우가 흔했기 때문에 헛걸음 할 수도 있었지. 모세 율법은 만일 배고픈 사람이 음식을 요구하면 허락하도록 했지만, 이 역시 지켜지는 경우가 흔치 않았거든. 오늘날도 가난한 사람들의 복지를 조금만 더 신경쓰자는 말만 해도 사회주의 계급혁명 운운하는데, 그것과 비슷한 분위기였지.

19세기 프랑스 바르비종의 아름다운 농촌의 풍경화가로 잘 알려진 장 프랑수아 밀레(Jean-François Millet)가 성경 룻기 이야기를 리텔링하는 그림(이삭 줍기)으로 이삭 줍는 사람들을 그린 후에 노동자계급의 투쟁을 부추긴다는 의심을 받았거든. 그는 정작 "진실을 말하기 위해, 가난이라는 주제는 내 기질에 최상으로 잘 어울린다"고 말했어. 밀레는 보자르미술대학(Ecoles des Beaux-

밀레, 이삭 줍는 사람들, 1857

Arts) 출신으로 최고의 엘리트 화가 교육을 받았지만, 농촌으로 내려가서 가난한 사람들의 모습을 그리며 지내는 걸 더 귀하게 여겼다고 해.

당시 프랑스 농촌에서는 자본주의적이고 사회경제적인 소유의 변화로 가난한 사람들이 속출하고 있었어. 그래서 아름다움이 아닌 부재지주(propriétaire absent)의 현실이 밀레의 눈에 자꾸 들어온 거야. 더구나 이삭줍기 같은 전통적인 성경의 가르침은 점차 국가적으로 규정을 까다롭게 만들어 본래의 취지가 퇴색되고 있었어. 이삭줍기도 가난한 사람이 우선되기보다 형식적인 제도로 변질돼 버렸던 거야. 예컨대 주인의 허락을 받아야 하고, 추수

4부 | 그대가 참고할 만한 성경의 부부 모델

한 지 일주일 안에 도구를 사용하지 않고 맨손으로, 그것도 낮에만 허용되도록 제도화된 거야. 밀레는 이런 상황에서 이삭줍기라는 제목으로 그림을 그렸다는 이유만으로 사회주의 혁명의 냄새가 난다는 오해를 받았지만, 그는 그저 가난한 사람의 내면적 아름다움과 존엄성을 꾸미지 않고 보여주었던 것이지.

보아스가 볼 때, 룻의 모습이 바로 밀레가 본 이삭 줍는 여인들과 같지 않았을까 싶어. 룻이 일하겠다는 걸 허락받을 때 나오미가 요령을 가르쳐주었을 수도 있지만, 룻과 보아스의 입장에서 볼 때 두 사람의 만남이 얼마나 큰 행운이었을지는 충분히 짐작할 수 있지. 보아스는 다른 부유한 지주들과 달리 이삭줍기에 와서 일하는 사람들이 요기하면서 일할 수 있도록 빵과 구운 밀가루 같은 음식과 물항아리를 준비할 정도로 친절했는데, 그의 인간적 성품이 어떤지를 알 수 있는 대목이야. 보아스의 환대는 가난한 이방인 룻에게는 따뜻한 은혜와 자비였겠지. 누가 보더라도 보아스는 마음과 정성과 뜻을 다해 율법을 지키는 신실한 사람이었어.

룻의 청혼, 하나님이 준비하시고 시모가 돕다

보아스는 부유하면서도 경건한 사람이었어. 그는 자신의 밭에서 추수하고 있는 일꾼들을 보러 왔다가 이방 여인으로 보이는 낯선 룻이 이삭줍기하는 걸 보게 되는데, 부지런히 일하는 그녀의 모습에 주목하게 되었지. 그는 일꾼 중 한 명을 불러 그녀가 누군지를 물었고, 그녀가 얼마 전 나오미와 함께 모압에서 돌아온 며느리 룻이라는 말을 들었어. 그의 말에 의하면, 룻은 책임자에게 이삭을 줍도록 허락을 구한 이래 아침부터 지금까지 한 번도 쉬지 않고 일했다는 거야. 룻이 얼마나 성실한지를 잘 보여주는 설명이지. 보아스는 세상 떠난 룻의 시아버지 엘리멜렉과 친족인데다, 이미 나오미의 귀향 소식을 들어서 알고 있었거든. 보아스는 일꾼들에게 룻을 잘 보살피도록 당부했으며, 아무도 그녀에게 손대지 못하도록 일러두기도 했어. 낯선 곳에서 혼자 이삭줍기를 해야 하는 젊은 룻의 안전을 확실히 보장해준 것이지. 게다가 보아스는 룻에게 다른 곳에 가지 말고 자기 밭에서 이삭을 주우라는 편의를 봐줬어. 일꾼들에게는 물을 떠다 놓으라 하고, 룻에게는 그 물을 마시며 이삭을 주우라고 배려한 거야. 일꾼들이 식사할 때 룻을 불러 함께 떡을 초(신포도주)에 찍어 먹게 했으며, 볶은 곡식을 배불리 먹게 해줬지. 당시 유대인들이 이방인들에게 전혀 관심을 두지 않았던 것을 감안하면, 보아스의 이런 행동은 매우 놀라운 접대가 아닐 수 없어.

보아스가 룻에게 베푼 호의는 두 가지 이유 때문으로 보여. 첫째, 그 자신이 룻에 대해 개인적인 호감을 가졌다기보다 자신의 신앙적 세계관 때문이야. 둘째, 보아스는 룻이 하나님의 백성이 되기 위해 자기 조국을 떠나왔다는 점과, 시어머니를 위해 이삭줍기에 나섰다는 점을 좋게 여겼기 때문이지.

룻은 이방여인 입장에서 자기를 극진하게 환대해준 것에 대한 경의의 표시로 보아스에게 엎드려 절을 했어. 보아스의 배려로 룻이 종일 보리 이삭을 주우니 며칠 분량이 되었지. 룻은 그걸 나오미에게 보이고, 이삭줍기에 갔던 일과 주인 보아스가 선대해준 사실을 말했어. 나오미는 이미 보아스를 알고 있었지. 나오미는 보아스가 남편과 아들들을 생각하고 자기와 룻을 생각하여 선대해준 것을 고마워했어. 그리고 룻에게 당부하기를, 보아스는 친족으로서 기업 무를 자 중 한 사람이니 다른 밭에 나가지 말고 그의 밭에만 가서 이삭줍기를 하라고 했어. 룻은 보리와 밀 추수가 끝날 때까지 보아스의 밭에서만 이삭을 주우며 어려운 시기를 지냈어.

나오미는 이삭줍기가 끝나갈 무렵에 매우 중요한 제안을 하기에 이르게 돼. 그 제안은 나오미의 입장에서 룻이 안식할 가정과 자신의 죽은 아들의 대를 이을 계대결혼을 동시에 해결할 수 있는 보아스와의 결혼계획이었어. 보아스는 유다 지파 중 하나로, 그가 고엘의 의무와 권리를 이행할 위치에 있는 근친이었기 때문에 가능한 계획이었어. 이를 근거로 나오미는 룻과의 결혼에 대한 큰 그림을 그릴 수 있었어. 만일 룻과 보아스의 결혼이 성사된다면 끊어진 엘리멜렉 가문의 대를 다시 이을 수 있을 뿐 아니라 모압으로 이주할 때 팔았던 땅도 되찾을 수 있게 되지. 나오미는 보아스야말로 고엘(Go'el)에 맞는 모든 조건을 갖춘 인물로 확신했어. 룻은 나오미가 한 말의 의미를 충분히 알아들었기 때문에 보아스와의 결혼에 순종하겠다고 했지.

나오미가 세운 계획은 구체적으로 이랬어. 이제 추수가 끝나면 룻의 이삭줍기도 마무리될 텐데, 마치 축제처럼 밤에 벌어지는 타작의 시즌으로 이어지게 되거든. 나오미는 룻에게 그날을 기해 보아스의 잠자리 발치로 가서 누워 있으면 나머지는 보아스가 알아서 할 것이라고 말했지. 물론 룻이 단정하게 목욕하고 기름을 바르고 의복을 입고, 주위 사람들의 눈에 띄지 않게 보아스에게 접근해야 한다는 점에서 보아스에 대한 성적 유혹으로 생각하기 쉽지만, 이스라엘의 계대결혼 원리를 이해한다면 전혀 달랐지. 오늘 우리의 시각에서 보면 성적 스캔들 같아 보이지만, 고대의 고엘제도로 보면 나오미의 방법은 매우 지혜로운 계획이었어.

룻은 나오미가 일러준 계획대로 보아스의 발치를 찾아가 "그대의 옷자락을 내 위에 펴 달라"고 요청했지. 여기서 옷자락에 날개라는 뜻의 히브리어 카나프(kanaph)라는 단어가 쓰였어. 룻의 이 요청에는 여러 가지 의미가 있었어. 광의적인 의미는 하나님의 백성 공동체의 신실한 일원이 되고자 하는 그녀의 열망을 강조한 것이고, 개인적인 의미로는 룻이 보아스에게 청혼한 셈이지. "새가 새끼를 날개로 덮어 보호하듯 나를 보호해주시라." 이는 하나님께서 토라에서 명하신 대로 나의 구속자(고엘)가 되어달라는 요청으로, 그대 안에서 내가 하나님의 보호를 찾게 해달라는 의미로, 나를 아내로 맞이해달라는 뜻이야. "나는 이제 그대의 보호 속에서 하나님의 공급과 보호를 찾겠다." 뭐, 이런 말이지.

롯기의 경우 여자인 룻이 남자인 보아스에게 프러포즈를 한 셈인데, 성경은 여자도 프러포즈를 할 수 있다는 걸 보여주고 있어. 그렇다고 룻이 자동차 트렁크에 풍선을 불어서 넣어뒀다 열어젖히는 깜짝쇼를 한 것도 아니고, 레스토랑을 예약한 건 더더욱 아니야. 그녀는 곧장 보아스의 잠자리로 뛰어들어 그를 깜짝 놀래켰어. 우리는 옷자락이나 날개라는 단어를 보아스의 이부자리와 혼동하곤 하지만, 고대 이스라엘 사회에서 룻이 보아스에게 전한 말과 행동은 청혼에 해당되는 게 틀림없어.

모든 이야기들이 반전에 의해 더 아름답게 완성되듯이, 룻의 청혼도 보아스의 정교한 반전의 과정을 거치며 완성에 이르지. 이미 하나님께서 룻을 이스라엘 공동체 안으로 데려오셨다는 걸 보아스가 깨닫고 있었고, 그 자신도 룻의 마음과 태도를 보며 사랑을 느꼈어. 그렇지만 그는 놓쳐서는 안 될 율법적인 절차를 간과하지 않고, 차분히 책임있게 룻의 고엘이 되는 조건을 준비하였어. 그런 과정에는 많은 비용이 들어갈 수도 있지만 감당하고 감수하며, 룻의 가문에 토지와 밭을 사줌으로써 무너진 집안을 다시 세워주었지. 그가 율법을 얼마나 의식하며 존중했는지 그의 말을 통해 확인할 수 있어. "나 역시 기업 무를 자가 분명하지만, 나보다 우선순위에서 더 가까운 기업 무를 자가 있으니, 그에게 먼저 확인해보고 진행하자."

이런 절차는 때때로 힘들어 보이고 빙 돌아가는 것 같고 시간과 비용이 드는 것도 사실이지만, 율법의 절차를 불필요하게 여기는 우리나라 문화적 토양에서 볼 때, 보아스의 지혜로운 결정은 반드시 기억하고 지켜야 할 덕목일 거야. 보아스가 자기보다 앞선 기업 무를 자가 있다고 말한 점에서, 결혼계획에서도 율법의 절차를 암초로 여기기보다 거쳐야 할 의례로 받아들여야 한다고 봐. 보아스는 선한 일을 행하는 데 있어서도 다른 사람의 권리를 침해하지 않겠다는 것이기도 하지. 그만큼 그가 준비된 인물이며 매사에 깨끗하게 절차를 받아들인 사람인 거야. 이렇게 되어가는 상황을 보고받은 나오미의 말에 얼마나 여유가 있는가?

"그 사람이 오늘 이 일을 성취하기 전에는 쉬지 않을 것이다."

사랑과 결혼, 그 이상의 계획과 의미 🎀

룻기는 고대 근동문화에서의 독특한 방식으로 결혼이 메시아 계보를 세팅하는 과정을 보여주는 이야기야. 경건하게 준비된 사람들이 하나님의 계획과 섭리의 역사에 어떻게 참여하는지도 보여주는데, 룻기에서는 룻과 보아스와 나오미가 이런 믿음의 참여자들이지.

룻기는 개체발생론적으로 룻과 보아스의 만남과 사랑과 결혼을 통해 하나님의 구원계획에 참여하는 이야기인 반면, 계통발생론적으로는 하나님의 메시아 계보 라인을 잇는 이스라엘 역사와 맞물려 있는 다윗의 족보를 만든 이야기야. 이스라엘의 가나안 정복전쟁을 라합의 도움으로 승리했던 것처럼, 사사시대를 거치면서 어느새 유다 지파의 중심이 되어버린 그녀의 아들 보아스는 기존의 전통적 질서를 또 한 차례 벗어나, 하나님의 섭리를 기준으로 모압 출신의 이방여인 룻과 결혼하여 족보에 참여한 거야.

소위 구성 분류에 따라, 율법서-예언서-성문서라는 히브리어 구약성경인 타나크(Tanakh)의 큰 흐름은 족보의 연속이라고 말할 수 있어. 타나크의 전체 이야기는 사이사이의 크고 작은 족보로 연결되고, 타나크를 압축해도 족보인 셈이야. 신약조차 그 사실을 따르고 있는데, 첫 복음서 마태복음의 예수 족보의 경우 구약의 역사를 압축하고 있지. 마태복음이 아브라함부터의 족보를 기록한 반면, 누가복음의 족보는 아담까지 거슬러 올라가서 시작하거든. 족보를 기준으로 삼는다면 구약은 한 마디로 예수 그리스도까지 이어지는 족보의 주석인 셈이야.

구약의 중간중간을 보면 족보가 나오다가 큰 인물이 태어나고,

또 다시 족보가 나오다가 큰 인물이 태어나고, 이런 서술 방법이 계속되곤 하잖아. 예컨대 큰 인물이 창세기 12장의 아브라함일 경우, 창세기 11장에는 아브라함에 이르기까지의 셈족 족보가 먼저 나오거든. 하나 더, 큰 인물이 사무엘서의 주인공인 다윗일 경우, 그 이전에 반드시 다윗까지의 족보가 나오는 거야. 다윗의 족보는 아브라함의 족보에 비하면 짧지만, 다윗이 누구의 자손인가 하는 족보는 반드시 나오게 돼 있어.

룻기는 사무엘서 바로 앞의 책인데, 룻기의 마지막 단어가 뭔지 알아? 놀랍게도 다윗이야. 그러니까 룻기는 룻과 보아스의 아름답고 따뜻한 사랑과 결혼 이야기를 기록한 짧은 책인데, 4장 마지막 부분에 야곱의 열두 아들 중 하나인 유다가 다말과 낳은 베레스부터 시작하는 족보가 나와. 보아스는 룻에게서 오벳을 낳고, 오벳은 이새를 낳고, 이새는 다윗을 낳았다고 마치거든. 물론 히브리 성경의 마지막 단어는 다윗이지.

룻과 보아스의 결혼은 이름 모를 어떤 유다 지파에 속한 사람이 선택을 포기했을 때 비로소 성립될 수 있었어. 마을의 장로들이 모두 모인 공개 집회에서 그 사람은 자기 재산을 위험에 빠뜨리기 싫어서 기업 무르는 결혼의 우선권을 포기했지. 그 후 보아스는 룻을 사랑했기 때문에, 자유롭게 나오미의 잃었던 재산을 사서 그 집안의 구속자가 되어 룻과 결혼할 수 있었어.

당시 부유하고 권력 있는 보아스는 가난한 이방 여자 룻을 기사도와 존경심으로 대하며 하나님의 헤세드(사랑)를 대행했지. 이 아름다운 사랑과 결혼이 맺은 결실은 메시아의 족보를 잇는 엄청난 역사적 역동성을 만들어냈어. 이것이 룻과 보아스의 사랑 이야기를 넘어 하나님이 계획하신 더 큰 그림이야.

룻과 보아스 두 사람의 사랑만큼 하나님의 비전이 성취되는 예도 없을 거야. 룻기는 비극으로 시작되었지만, 하나님은 이스라엘에 룻과 나오미의 구원자를 준비하셨어. 그 구원자 고엘은 계대결혼의 주인공 보아스였고, 미래에 오실 예수 그리스도의 표상이지. 그래서 보아스의 중요성이 족보보다 더 큰 거야.

현대의 결혼에서 룻과 보아스의 결혼 모델이 형식적으로는 더러 발견되는 것 같아. 나이 차이가 많이 나는 남자의 재혼일 때 처녀가 시집가는 경우도 그렇고, 경제적으로 차이가 많이 나는 경우도 그렇지. 많은 경우 결혼은 서로 기울지 않고 비슷한 게 좋다는 말이 있기도 하잖아.

일반적인 경우를 벗어날 경우, 어느 쪽이든지 그만큼 더 많은 노력과 헌신이 필요하단 걸 알아야 해. 무엇보다 룻과 보아스의 경우처럼, 하나님의 구속사적 맥락에서 자기의 상황과 처지를 믿음으로 해석해낼 줄 알아야 하지.

9장

아굴라와 브리스길라, 교회와 복음 사역의 프론티어

라라 라 자로 끝나는 말은

어린이 동요 중에 너서리-라임(Nursery Rhyme)이란 게 있어. 단어의 첫자나 끝자가 같은 발음이 나는 걸 골라 답하도록 해서 어린아이들이 단어를 익히도록 하는 교육용 노래들이지. 내 딸들이 어렸을 때는 영어단어와 발음을 배울 수 있는 책 중에 닥터 수스(Dr. Seuss) 시리즈가 있었어. 이 분야의 교육용으로는 최고지. 우리말 라임(rhyme)으로 꾸며서 닥터 수스 시리즈를 소개해보면 이런 식이야. "라라 라자로 끝나는 말은?" 하고 물으면 "고릴라 바닐라 마닐라 아굴라 브-리-스-길-라"라고 답하는 거지.

짐작했겠지만, 아굴라와 브리스길라 부부는 이렇게 발음조차 라임에 맞아떨어져, 함께 붙어 다니는 게 자연스러운 신약의 가장 대표적인 부부 사역자의 모델이라 할 수 있어. 실제로 이들은 항상 함께 있었던 것으로 알려졌어.

아굴라와 브리스길라 이름은 성경에서 전부 여섯 번 나타나거든. 그중에 네 번은 부인인 브리스길라가 앞에 나와. 브리스길라는 작은 노부인이라는 뜻으로, 부인의 이름이 남편 이름보다 앞에 나오는 이유를 추측해보면 그녀가 교회에서 더 활동적인 역할을 했거나, 아니면 브리스카(Prisca)라는 이름이 존경받는다는 뜻의 라틴어라는 점에서, 유대인 남편 아굴라와 달리 사회적 신분이 높았을 거라는 점이야.

아굴라와 브리스길라 부부는 사도행전에 처음 등장하는데, 바울과 고린도에서 처음 만났을 때였어.

(바울이) 아굴라라 하는 본도에서 난 유대인 한 사람을 만나니 글라우디오가 모든 유대인을 명하여 로마에서 떠나라 한 고로 그가 그 아내 브리스길라와 함께 이달리야로부터 새로 온지라 _행 18:2

이에 대해 대부분의 학자들은 황제가 서기 49년에 유대인을 추방하는 포고령을 내렸을 것이라 여겨서 그 이후 어느 시점에 두 부부가 고린도에 도착하였다고 보고, 거기서 바울을 만난 것으로 봐. 로마 역사가 수에토니우스(Suetonius)에 따르면 "크레스투스(Chrestus)의 선동으로 유대인들이 끊임없이 소란을 일으켰기 때문에 로마에서 추방했다"고 '클라우디우스의 생애'에서 썼어. 크레스투스가 그리스도(Christus)를 잘못 표기한 것인지, 아니면 로마의 유대인 선동가의 이름인지는 여전히 논쟁의 여지가 있긴 해.

아굴라는 원래 로마 시대에 흑해라고 불렸던 흑해 남쪽 해안에 있는 본도(Pontus) 지방 출신의 유대인으로, 그의 이름 아굴라(Aquila)의 뜻은 독수리야. 당시 로마에 살고 있던 유대인들은 노예와 자유민 또는 시민권자로 구분되었어. 아굴라와 브리스길라 부부가 천막 만드는 일을 했다면 바울과 마찬가지로 시민권을 가졌을 가능성이 크다고 볼 수 있지.

천막은 고대 사회에서 매우 중요한 물자였는데, 전쟁으로 제국의 영토를 넓혀야 했던 로마 입장에서 중요한 군수물자가 틀림없어. 당연히 자녀들이 어렸을 때부터 부모의 천막 만드는 기술을 배우고 익혀서 대를 이어갈 수 있는 직업이었지. 천막은 보통 거친 염소털로 짠 천으로 만들었는데, 똑바로 재단해서 자르고 꿰매는 기술이 대단히 정교했기 때문에 고급기술자로 인정받았어.

바울의 경우 그가 어떻게 날 때부터 로마시민권자였는지를 추론해 본 신약학자가 있었어. 프레드릭 부르스(F. F. Bruce)라는 신약학자야. 그에 의하면 로마제국이 필레스틴 지역을 정복할 때 바울의 할아버지가 천막 만드는 기술자였는데 포로로 잡혀 갔던 거야. 그후 로마가 전쟁에서 큰 승리를 거둔 기념으로 천막기술자의 공로를 인정하여 로마시민권을 부여했다는 거지. 그래서 바울은 길리기아 수도 다소에서 태어날 때부터 로마시민권자였잖아. 그렇다면 아굴라도 바울처럼 로마시민권자로서 천막 만드는 기술자였다는 것이 자연스러운 추론이고, 브리스길라와 함께 로마에서 천막을 제작해서 판매하는 사업을 하던 중에 클라우디우스에 의해 추방받아 고린도로 이주하게 되었다는 거야. 바울과 이들은 만날 때부터 직업적 공통점 때문에 서로 깊은 교감을 나눌 수 있었고, 바울의 설득력 있고 감화력 있는 복음 사역에 깊이 동화되고 쉽게 연대되었을 것으로 보여.

선교적 소명의 결혼을 이룬 MAM 모델

아굴라와 브리스길라 부부가 로마에서 추방당하고 고린도로 가기 위해 선택한 이동 경로는 분명하지 않아. 다만 그들의 행선지가 고린도였던 것을 근거로 추측해본다면, 로마제국의 1번 고

속도로 아피아(Appia) 가도로 반도 남부의 항구도시 브린디시(Brindisi)까지 가서, 페트라스(Petras) 행 페리를 타고 가서 내린 후 거기에서 육로로 고린도까지 갔을 거야. 그들이 고린도를 새로운 정착지로 정했던 이유는 고린도가 국제 무역 도시여서 그들의 직업적 정착이 쉽고, 개인의 익명성이 보장되는 이점 때문이기도 했어. 하지만 무엇보다 더 운명적인 것은 하나님이 아테네에서 고린도로 내려보내는 누군가를 만나도록 할 타이밍에 맞춰 그들이 도착하는 것으로 보여. 맞아, 시기는 하나님께서 정하시지.

한편으로 아굴라와 브리스길라 부부는 바울보다 먼저 고린도에 도착하여 그들의 새로운 천막 제조를 위한 작업장과 상점을 마련했을 거야. 반면에 바울은 헬레니즘의 심장인 아테네에서 복음 전도를 마치고, 새로운 코스모폴리탄 도시 고린도에 도착해서 복음을 전할 준비를 하면서, 그 기간의 자비량 사역을 위해 천막 제작 기술을 활용할 만한 일터를 찾고 있었지. 양쪽은 모두 유대인이었으며 천막 제조 기술도 나란히 가지고 있었던 터라, 낯선 이방 도시에서 만난 그들은 처음부터 서로 잘 통하고 반가웠을 거야.

그들은 어디서 어떻게 처음 만나게 되었을까? 그에 대해 정확하고 자세한 기록은 없으나, 그럴듯한 추측은 다음과 같아. 예컨대 바울의 복음 전도 여행의 패턴을 보면 일정한 루틴이 있는데, 새로운 도시에 도착하면 먼저 유대인의 회당을 찾아가 본다는 점이야. 이는 바울이 복음의 접촉점을 찾는 패턴이기도 하고, 그가 종종 밝혔던 유대인의 복음 전도 우선성 때문이기도 했어. 물론 고린도에서도 예외는 아니었어. 다른 도시에서와 마찬가지로 바울은 고린도에 도착하자마자 먼저 회당을 방문했을 거야. 회당은 성인 유대인 남자 10명이 있기만 하면 어느 도시든지 세울 수 있었으니까, 고린도에도 당연히 회당이 있었지.

특히 바울은 구약에 대한 해박한 지식과 비범하게 가르치는 재능을 인정받아 회당장에게 안식일 집회의 강론을 부탁받기도 했어. 우리는 사도 바울이라고 칭하지만, 사실 과거에 그는 바리새인이었잖아. 그는 율법에 대단한 학식을 가지고 있었기 때문에, 성경을 풀어가는 실력은 누가 들어도 쉽게 설득될 만했을 정도였어. 당시 회당에 참여한 사람들은 예수나 복음이나 십자가에 대한 기대가 전혀 없었고, 바울에게는 적대적인 입장이었지. 그러던 중에 바울의 강론에 관심을 보인 회당 사람들과 따로 시간을 더 내서 회당 밖에서 만남이 이어졌을 거야.

아굴라와 브리스길라도 바울을 고린도의 회당에서 처음 만난 것으로 보여. 더구나 그 부부는 바울을 처음 만났을 때부터 복음을 듣고 호기심이 일어났을 뿐 아니라, 그들의 생업에 해당하는 천막 제작 기술을 나란히 가지고 있다는 걸 알게 되어 얼마든지 가까워질 수 있는 사이가 되었겠지. 특히 바울이 천막 제작 일을 찾고 있던 터라 생업의 가능성을 요청했을 것이고, 아굴라 부부의 허락을 받으며 자연스럽게 집에도 초대받았을 것으로 보여.

그들은 어렵지 않게 금세 가족처럼 가까워졌을 거야. 그리고 바울이 어떤 전도자인지 생각해봐. 나중의 일이지만, 감옥에서 만난 오네시모라는 노예를 복음으로 전도해서 감화시키고 끝내 대단한 인격을 갖춘 복음의 동역자요 형제로 변화시켰을 정도잖아. 누구든지 바울에게 예수의 복음을 배우고 교제를 나누게 되면 진정한 회심과 삶의 변화를 겪을 수밖에 없다는 건 짐작할 수 있을 거야. 아굴라 부부가 그런 바울과 매일 같은 집에서 먹고 자며 함께 천막을 만드는 일을 했다면 어떤 영향을 받게 되었을지, 마치 스크린에서 상영되는 영화처럼 쉽게 상상할 수 있는 그림이지 않겠어?

얼마 후 바울이 회당에서 사역을 마무리할 때쯤, 그와 함께 전략적으로 팀을 이루어 선교에 나선 실라와 디모데가 마케도니아에서 내려와 합류했지. 바울이 회당에서 복음을 전하던 중에 메시아 예수를 받아들이지 못한 유대인들에게 거부당하자 회당 인근에 사는 로마 사람 디도 유스도의 집으로 옮겨 교회를 시작한 것으로 보이는데, 이때부터 아굴라 부부도 바울과 그 팀에게 체계적인 복음 훈련을 받았을 거야. 동시에 동역자로서 사역에 참여하는 입장에 서게 된 것으로 보여. 따라서 바울과 아굴라 부부와의 만남이 천막 사업의 도모뿐 아니라 복음 사업에까지 깊이 연결되었던 것으로 생각해도 이상할 게 하나도 없어. 고린도는

4부 | 그대가 참고할 만한 성경의 부부 모델

그런 점에서 그들에게 최적의 도시였던 거야.

당시 고린도에서는 2년마다 열린 포세이돈을 기념하는 이스트미아(Isthmia) 제전이 열리고 있었기 때문에 천막 제작업은 그 도시에서 큰 각광을 받고 있었지. 더구나 고린도는 대도시였기 때문에 건설로 인한 수요도 많았고, 극장이나 포럼이나 원형극장을 덮는 차양이나 일반주택의 차양 같은 수요도 계속 필요했어. 조선소에서 선박의 돛을 제작할 때도 천막 재질의 천이 들어가기 때문에 천막 제작은 호황 사업에 속했던 거야. 아마 그들의 천막 제작 사업은 짧은 기간에 큰 성공을 거둘 수 있었고, 이는 서로에게 상당한 힘이 되었을 것으로 보여. 여기서 중요한 점은 그들이 직업을 어떻게 받아들였는가 하는 문제야. 그들은 적어도 현대적 의미에서 흔히 말하는 BAM(Business As Mission)의 본질을 잘 이해하고 있었던 것으로 보여. 사업과 사역을 분리하지 않았고, 일상생활 속에서 복음 전도 사역과 생업의 리듬을 통합적으로 조율했지. 척박한 1세기에 별처럼 빛나는 BAM의 영웅이랄까! 이는 아굴라와 브리스길라 부부의 이후 삶에서 더욱 분명해지는 모습이기도 해.

하지만 근본적으로 중요한 점 한 가지가 더 있어. 결혼이 두 사람에 대한 하나님의 영원한 언약의 소명이라면, 그들에게 '선교로서의 결혼', 즉 MAM(Marriage As Mission)도 자연히 성립된다고 봐. 특히, 브리스길라와 아굴라 부부의 유형은 명백하게 MAM의 강력한 모델이잖아. 비록 그들이 사도 바울을 만난 후에 더욱 분명하게 교회 개척의 전투적 모델로 발전된 인물이라 해도, 두 사람은 결혼으로 인해 교회를 섬기는 소명을 실천하기 시작했지. 우리도 결혼을 통해 교회를 섬기는 소명을 발견한다는 점을 묵과해서는 안 될 거야. 결혼이 소명을 발견하는 언약의 통로인 것을 기억하길 바라.

부부가 복음 사역에 헌신할 때 생기는 일

브리스길라 부부는 고린도에서 사도 바울을 만남으로, 그들 안에 잠재된 강력한 복음 사역의 디엔에이(DNA)가 세포 분열되어 삶의 모습(shape)으로 나타나는 계기를 마련했어.

고린도는 오늘날 우리나라의 서울이나 부산처럼 발전하는 국제도시였기 때문에 도시 구성원이 인종적으로나 직업적으로 매우 다양하고 변화가 심했어. 당연히 고린도교회도 유대인과 유대교로 개종한 헬라 이방인, 회당을 통하지 않고 새로 참여한 이방인, 부유한 상인과 가난한 노예까지 다양하게 모였을 것으로 보여.

바울의 선교전략에 비추어 볼 때 고린도는 그만큼 복음 사역의 최적의 도시이자 교회 개척이 필요한 도시였지. 고린도는 워낙 종교적으로 우상숭배가 가득하며, 도덕적으로나 문화적으로 문란하고 퇴폐적인 악명높은 도시라 교회 개척 이후에도 마냥 쉽지 않은 토양이었어. 심지어 "고린도인처럼 산다"라는 말이 있었는데, 이 말은 "성적으로 타락하고 문란하게 산다"라는 뜻이야. 바울에게 고린도는 그만큼 시간을 들일 만한 가치가 있는 도시라고 확신하게 해주었고, 브리스길라 부부도 그런 사도에게서 복음과 도시가 갖는 상관성과 사도의 열정을 배웠겠지.

브리스길라 부부는 바울이 고린도에서 지냈던 18개월 동안 자기 집에서 함께 지내게 했으며, 얼마 후엔 고린도에 도착한 사도의 선교팀 동료인 실라와 디모데도 생활공동체로 합류하여 함께 지냈어. 당연히 아굴라 부부와 바울의 선교팀은 같은 집에 함께 살면서 복음 사역의 전략을 수립하고 교회 개척의 면면에 참여했을 거야. 더 구체적으로 살펴보면, 바울이 회당에서 강론하다가 유대인들에게 대적받게 되자 회당 옆에 사는 디도 유스도의 집에서 가정교회(정식 명칭은 고린도교회)를 시작하게 되잖아. 그때 브리스길라 부부는 복음 사역과 교회 개척이 연결된 사역을 생생하게 경험하면서 바울의 복음 사역의 근간을 배울 수 있었을 거야.

복음 사역이 아름다운 메시아의 소식을 전하는 것이지만, 기존의 전통적 유대교나 반종교적 입장의 반발이나 적대감을 불러일으킨다는 점에서 바울이 위험을 감수한다는 것도 알게 되었어. 처음 유스도의 집에서 교회 개척을 시작하게 된 계기도 바울이 회당에서 예수가 메시아라고 선포한 것을 유대인들이 반발해서 대적하고 비방했기 때문이라는 걸 브리스길라 부부도 함께 겪어 봤잖아. 1세기의 복음 사역자들은 운명적으로 이런 대적을 감수해야 한다는 걸 가까이서 지켜본 셈이야. 그들은 진정으로 바울의 복음, 고난의 십자가 복음을 배웠음이 분명해. 복음이 영광된 것이라는 걸, 고통 없이 얻을 수 있는 건 없다는 걸, 십자가 없이 면류관도 없다는 걸 뼈저리게 겪으며 깨달은 것이지. 심지어 고린도의 유대인들은 갈리오가 아가야 총독으로 오게 되었을 때 바울을 고발했기 때문에, 복음 사역 자체가 고난의 연속임을 옆에서 생생히 지켜보기도 했잖아. 따라서 아굴라 부부는 복음 사역의 위험을 잘 알면서도 점점 바울의 사역에 깊이 참여하게 되었고, 고난과 역경을 감수할 각오를 기꺼이 하며 헌신에 이른 셈이지.

그런 상황에서 바울의 고린도교회 개척은 훨씬 더 큰 기쁨의 결실을 맛보는 것이었어. 이런 상황에서 회당장이던 그리스보가 온 가족과 함께 사도 바울의 복음적 강론을 듣고 유대교에서 회심하여 세례를 받고 개척하는 고린도교회에 참여했지. 그뿐 아니라 그리스보의 후임 회당장으로 온 소스데네마저 복음을 받아들여 회심했다는 점은 복음 사역가들이 핍박 속에서 맛보는 짜릿한 성취였어. 이 엄청난 복음의 반전을 경험하면서, 복음 사역이 얼마나 보람있고 고무적인지 전 과정을 지켜보았던 브리스길라 부부는 큰 도전을 받았을 거야. 고린도교회가 개척되는 과정에서 경험한 일련의 사건들은 아굴라 부부에게 더 진지한 마음으로 복음 사역에 헌신하도록 한 걸음씩 이끌었다고 말할 수 있지.

특히 브리스길라와 아굴라 부부는 바울의 선교팀과 함께 지내며 복음 사역과 교회 개척과 관련된 전략회의와 기도회, 그리고 비전 성경공부와 훈련 사역에 참여했을 것이고, 이를 통해 사도가 강조하는 복음 중심의 사역 모델이 뭔지 충분히 배웠을 거야.

우리에게 주어진 고린도교회와 관련된 신약성경을 보면 바울이 개척할 당시 자신의 모든 신학과 목회적 열정을 녹여 넣은 내용들이 자세히 나오는데, 브리스길라 부부야말로 그 사역의 직접적인 증인이며 동시에 배움의 최대 수혜자라고 말할 수 있겠지. 두 사람이 성경 말씀에 깊은 이해를 갖게 된 것도 그 기간이었고, 이후 바울의 선교팀에 동역자로 참여해서 함께 사역할 수 있게 된 결정적 계기도 그 기간에 받은 강한 도전 때문이었어.

브리스길라 부부가 고린도에서 머물며 지냈던 기간은 거의 사도 바울과 비슷하든지 아니면 조금 길 거야. 주목할 만한 중요한 문제는, 이후 이들은 고린도에 정착하지 않고 사도 바울과 나란히 복음 운동의 여정을 따라 성령의 인도하심에 삶을 맡기게 되었다는 점이지. 이들이 처음 사도 바울과 만나 같이 지냈던 기간은 고작 1년 6개월에 지나지 않았지만, 그 사이에 이 부부는 나란히 복음 운동의 순례자로 자신들의 삶을 헌신했어.

최전방에 서는 다이나믹 듀오가 되렴

성경에 나오는 부부의 모델을 선정할 때 신약의 대표 모델로 아굴라와 브리스길라 부부를 선택한 이유는 이들이 나란히 활동한 부부로 소개되었다는 점과, 1세기의 척박한 환경에서 복음 운동의 최전선에 서서 미래를 개척했기 때문이야. 한 마디로, 이들만큼 긍정적이고 진취적이며 중요한 부부의 모델은 없었어.

우리는 종종 신약에서 중요한 인물들을 생각할 때 예수와 사도들, 성모 마리아와 막달라 마리아 등을 떠올리지만, 복음 사역에 참여한 부부의 예는 아예 찾아볼 생각도 하지 않았어. 이 부부 외에는 없으니까. 그래서 이들 부부만큼 주목해야 할 복음의 영웅도 없겠다는 생각을 가지고 접근하려 했지만, 아쉬운 점은 그들에 대한 콘텐츠 정보가 부족하다는 점이었어.

그래도 분명한 건, 이들이 로마에서 추방된 유대인 부부로서, 생업인 천막 제조 사업을 위해 고린도에 도착한 이후 같은 직종의 자비량 복음 사역자인 바울을 만나 삶의 변화를 겪으며 새로운 헌신을 다짐하기에 이르렀다는 거야. 예컨대 그들의 천막 사업은 사도가 돕고, 사도의 복음 사역은 그들이 돕는 자연스러운 상호 협력관계로 시작했다가, 점차 사도의 가르침에 감화되고 고린도교회의 개척 과정을 거치면서, 그들에게 복음 운동이 더 우선적인 주도권을 가지게 된 거야.

고린도교회는 바울이 개척했던 교회였음에도 불구하고 사도의 권위를 인정하지 않는 문제가 계속된 교회였어. 사도는 교회를 개척하는 과정에서 사람들이 복음적 신앙을 받아들이는 걸 보는 기쁨도 누렸지만, 동시에 그의 안정적인 사도직이 확립되는 걸 끊임없이 방해받는 어려움을 겪기도 했지. 바울이 고린도에서 심한 반대에 직면할 때마다 아굴라 부부는 평신도 협력자로 그의 흑기사 노릇을 해주곤 했어. 바울이 나중에 로마교회에 보내는 편지에서 그 부부에게 감사 인사를 전할 때 "그들은 나를 위해서라면 자기들의 목이라도 내놓는 사람"(롬 16:4)이라고 말하잖아. 아굴라 부부는 고린도에서 그런 경험을 하면서 더욱 바울의 복음운동팀과 연합했고, 1년 6개월의 고린도교회 개척을 뒤로 하고서 바다 건너 에베소를 새로운 전략적 복음 사역지로 결정하고 함께 이주하게 되었어.

어느새 아굴라와 브리스길라 부부는 복음 사역의 프론티어에 섰지. 그들은 천막 제작이라는 직업을 소명으로 간주하면서, 동시에 바울의 복음 사역팀에 합류하여 새로운 지역에서 교회 개척을 주도하는 역할을 맡았던 거야. 바울의 선교 사역의 새로운 장이 바로 아굴라 부부로 인해 열리게 된 것이지. 이 부부는 결코 소극적인 도우미 역할로 선교팀에 참여한 정도가 아니었어. 단순히 집을 공개하고 식사 대접을 하는 정도가 아니야. 아굴라 부부는 사도와 나란히 복음 전파 사역을 감당했어. 에베소교회는 그들의 집에서 시작했고, 말년에 다시 로마로 돌아가 자기네 집에서 교회를 개척하기도 했지.

바울에게 배운 대로 가르치는 사역도 놀랍게 수행했어. 에베소에서 사역할 때 복음과 거리가 먼 헬라 수사학에 경도된 아볼로에게 성경적 복음을 가르쳐 멋진 설교가로 변화시켜 주기도 했지. 아굴라와 브리스길라 부부가 아볼로를 데려와 복음의 도를 더 정확하게 가르쳐주었는데, 그건 일종의 신학훈련이었어. 그후 아볼로가 새로운 능력과 재능으로 고린도교회에서 설교했던 것으로 알려지고 있잖아. 아볼로에게 성경의 핵심을 가르칠 정도라면, 아굴라와 브리스길라가 얼마나 출중한 성경 실력과 심오한 복음적 이해를 갖고 있었겠어?

아굴라와 브리스길라는 부부로서도 확실히 이상적인 롤모델이야! 두 사람은 성경에도 항상 나란히 등장하는데, 그들의 삶 자체가 붙어 지내는 환경이었지. 그들은 나란히 천막 제작 사업을 했고, 성경과 복음을 나란히 배우고 깨달았어. 그들은 나란히 복음 운동에 뛰어들었고, 나란히 사도팀과 협력했고, 심지어 교회 개척도 나란히 섬기며 헌신했어.

사실 모든 부부들이 살면서 경험하는 것이지만, 남편과 아내가 함께 일하며 살기란 쉽지 않거든. 간혹 부부가 같은 일터에서 일하는 경우도 있지만, 그럴 때 서로 압력과 부담을 느끼지 않고 긴밀하게 협력한다는 건 쉽지 않거든. 그런 삶을 살려면 서로 인격적으로 성숙해야 하고, 같은 수준의 세계관과 가치관으로 계속해서 대화하고 노력하는 게 필요하지. 아굴라와 브리스길라 부부가 분명히 그런 입장이었어. 그들은 친구이자 연인이었고, 좋은 동료이며 동반자였어. 각자 자신이 받으려고 노력하기보다 더 많은 것을 서로에게 기꺼이 주었지. 그들은 함께 지내고 함께 일하며, 함께 사는 걸 즐겼어. 평생을 불가분의 관계로 살았다는 것만으로도 이상적인 부부가 틀림없지.

내가 지금까지 이 부부의 이름을 표기할 때 의도적으로 남편 아굴라의 이름을 앞에 쓰다가, 중간 이후부터 아내의 이름을 앞에 쓰거나 둘 중 하나만 쓰기도 했어. 하지만 성경에서 이들 부부 이름이 나란히 나오는 6번 중에 4번은 남편 아굴라 앞에 아내 이름을 쓴 것이거든.

성경은 왜 네 차례나 여자의 이름을 먼저 썼을까? 어떤 사람은 바울이 로마의 가부장제에 반대하여 그렇게 썼다고 하지만, 그렇다면 누가가 쓴 사도행전의 경우는 어떻게 설명할 것이며, 같은 바울이 쓴 고린도후서는 가부장제를 인정해서 아굴라의 이름을 먼저 썼다는 말일까? 여전히 설명이 막히고 말거든. 또 어떤 학자는 남편인 아굴라가 노예 출신인 반면 브리스가는 명문 가문 출신이기 때문에 브리스가를 먼저 기록했다고 하는데, 로마서는 그렇다 쳐도 사도행전과 디모데후서에서 브리스가를 먼저 언급한 걸 보면 설득력이 떨어지는 진술 같아.

아굴라와 브리스길라가 이상적인 성경의 부부 모델이라는 관점에 비추어, 두 사람의 이름 순서가 전혀 고려되지 않았다는 점은 오히려 이 부부가 진정으로 동등하다는 반증이 아닐까? 그들은 항상 같이 생활하고 같이 생각하며, 같이 결정해온 부부로서 복음 안에서 더더욱 동등하다는 거지. 놀라운 점은 이 부부가 1세기 기독교 초기 복음 운동의 최전선에서 활동했다는 것이잖아. 이런 모습이야말로 지난 2천년간 기독교 역사에 끊임없이 메아리쳐 오는 하나님의 이상적 부부의 모델이라는 거야.

이 부부가 사도팀과 함께 하루의 일과를 마치고 저녁을 맞을 때, 복음 운동과 교회 개척의 전략을 논의하며 글로벌 기독교의 비전을 바라보았을 모습을 잊지 말길 바라. 그대들의 삶의 여정도 그들처럼 아름다운 복음의 프런티어가 되길 기도할게.

자, 그러면 이런 부부의 모델을 수혁과 은영, 너희들의 결혼과 어떻게 연결할 수 있을까? 결혼하는 사람들은 먼저 결혼이 소명이라는 걸 알고 소명에 따라 살겠다는 결심을 해야 할 거야. 결혼은 두 사람만을 위해 하는 게 아니라, 두 사람을 불러 다른 목적을 위해 살기 위해서임을 알아야 한다는 거야. 무엇보다 소명은 목적 있는 삶을 위한 하나님의 부르심이야. 두 사람을 부르신 이유와 목적이 있다는 것이지.

아굴라와 브리스길라 부부처럼 신약 교회에서 부르심을 받고 결혼한 부부라면, 그들의 목적을 교회의 맥락에서 찾아야 하는 것이 무엇보다도 중요하다는 걸 잊어선 안 돼. 그건 다른 게 아니야. 지난 2천 년 동안 변함없이 지켜온 것처럼, 교회를 세우고 성장시키며 다른 여러 교회와 네트워크를 통해 전개되는 복음 운동에 참여하는 것이지. 부부의 소명은 바로 이것이고, 이것이 예수의 현재적 사역에 참여하는 거야. 이에 대해 브리스길라와 아굴라 부부는 매우 적극적이고 모범적인 모델을 제시했어.

너희가 그들이 보여준 삶의 역동성을 본받는 부부가 되길 바라. 젊을 때든 나이 들었을 때든, 부부가 교회의 가장 연약한 부분을 감당하고, 교회의 가장 강력한 사역자가 되길 꿈꾸는 것이 내가 이 책을 통해 제시하는 결론으로서 꿈꾸는 결혼임을 제발 기억하길 바란다.

조금 거창하게 들릴진 몰라도, 예수 사역, 복음 운동, 교회의 개척과 교회의 연합을 주도하고 이끄는 비밀스러운 네트워크의 구심점을 그대 부부가 맡는다면, 너희 부부가 아굴라와 브리스길라처럼 이 시대의 아름다운 교회와 가정의 모델이 되리라 감히 확신해. 기독교적 삶은 이념이 아니라 행동과 태도야.

응원할게. 행복하게 살아.

이 책을 다 쓰고 난 지금, 처음 책을 쓰기 시작할 때 가지게 된 큰 포부는 어느 사이엔가 사라지고 없다. 에필로그에 이르니 기대는 작아지고 겸손해지는 느낌이다. 아마 그 이유 중 하나는 쓰는 자와 읽는 자의 두 지평 사이에서 퓨전을 먼저 바라기보다, 긴장과 갈등을 예상하기 때문이라는 생각이 든다. 물론 쓰는 자로서 처음 가졌던 계획이야 이런 글을 쓰면 많이 읽힐 뿐 아니라 잘 이해되고, 잘 이해될 뿐 아니라 깊은 감동과 여운을 남겨줄 수 있다는 것이었지만, 대개의 계획과 마찬가지로, 이게 꼭 뜻대로 아웃풋이 나오지도 않았거니와, 애당초 그 한계가 그리 희미한 것도 아니었다.

　이 책의 경우, 특별히 아쉽다고 생각되는 건 결혼 당사자들이 현실적인 상황에서 겪고 부딪치는 문제들에 소홀했다는 점이다. 성경에 기초한 결혼의 원리나 본질에 대한 이해는 충분히 파헤치고 제공한 것 같지만, 거기에 치중하느라 정작 두 당사자가 결

218

혼생활을 하면서 겪게 되는 현실적 사안들을 잘 다루지 못했다는 부담은 계속 남아 있다. 누구나 결혼할 때는 사랑과 애정이 풍부하기 때문에, 그때는 결혼을 머리로만 이해해도 된다고 여기는 반면, 결혼 이후 콩깍지가 벗겨지며 현타가 찾아올 때, 소위 위기의 업-앤-다운 시기가 다가오기 전에 디테일한 체험을 곁들인 교훈이 반드시 필요할 것이기 때문이다.

이 책이 성경적 구조에서 쓰인 것은 틀림없다. 하지만, 역사적으로 낭만주의 이래 강조해온 개인주의적 결혼의 현실에 대한 일반의 세계관을 소홀히 한 것은 아니다. MZ 세대의 관점에 어울린다고 생각하는 알랭 드 보통의 인생관, 특히 그의 《낭만적 연애와 그 후의 일상》에서 주장하는 시각을 반영하기도 했다. 그의 주장이 흥미롭기는 해도, 그 배경이 흔쾌히 동의할 정도는 물론 아니다.

솔직히 속내를 털어놓자면, 결혼생활의 현실 문제를 더 노골적이고 진지하게 다루는 것으론 우리나라 TV 드라마 《사랑과 전쟁》만한 것도 없다. 그 드라마의 결정적 결점이 지나치게 세속적이고 물질적인 바다 위에 떠 있는 섬이라는 점이고, 한두 가지 우연 같은 결정타가 결혼 관계를 끝내 종말로 몰아가 버린다는 점이다. 그에 비해 드 보통은 어떤 현실의 문제에 부딪히더라도 끈기있게 관계를 유지하고 회복할 수 있는 '긴 호흡의 신뢰'를 주문한다. 그는 결혼을 사랑이 익어가는 과정으로 보기 때문이다. 사랑이 낭만으로 시작해서 더 성장하고 노화하며, 변화를 겪는 전 과정이라고 보는 것이다. 따라서 그는 결혼이 상대의 치명적인 실수로 어려운 현실에 직면할 때조차, 그런 현실을 묵묵히 견딜 것을 충고한다. 비록 그가 무신론자일지라도, 그의 주장과 권면은 무척 높은 경지에 이른 수준이라고 말하지 않을 수 없기에 기꺼이 박수쳐 주고 싶다.

다만 드 보통이 낭만주의를 나이브하게 보며 비판하는 경향이 있어 아쉽다. 사랑은 단일한 영혼의 두 반쪽이 만나는 것이 아니라는 점에서다. 낭만주의는 사랑에 빠진 인간을 순수하고 착하고 사랑스러운 존재로 보지만, 실상은 정반대일 수도 있다.

"우리는 매우 위험하고, 대부분의 사람들은 정신이 나간 가장자리에 있다. 이것이 인간이다. 우리는 다양한 충동, 감정, 욕망을 가지고 있으며, 이것들은 우리 주변에 있기 힘든 큰 문제가 된다."

문제는 그가 이런 주장을 하면서도 복음은 강하게 부인한다는 것이다. 대단하면서도 이해 불가한 인간의 모습을 있는 그대로 보여준다.

드 보통과 같은 세상의 현인들이 가지는 강점은 멋진 언어의 유희와 수준 있는 해학의 기술로 사랑의 노골적인 민낯을 정면으로 다룬다는 것이다. 인간의 현실적 상황을 고스란히 인정하고, 그 소용돌이 속에서 차라리 자유롭게 헤엄치는 걸 인정하자고 한다. 그런 연약한 모습을 서로 묵묵히 받아주고 견뎌주는 것, 이것이 인간 자신이길 바란다고 말한다.

하지만 결혼의 순결한 삶은 저 세상 멀리에 있는 게 아니다. 그건 어쩌면 현실의 거센 소용돌이에 휘말려 고통을 겪으며 얻어진다. 예컨대, 요셉은 팔려 간 이집트 보디발의 집에서 그의 주인 여자의 유혹을 물리쳤을 때 오히려 오해와 모함에 덧씌워졌다. 심지어 착고와 쇠사슬의 고통을 짊어져야만 했다. 오랜 세월 그걸 묵묵히 견디며 세상이 다 잊어버릴 만한 세월이 지나도록 견뎌냈을 때, 그의 순결은 증명되었다.

결혼은 단지 감정의 문제가 아니다. 요셉처럼 수많은 어려움을 오래 겪어가며 배우는 기술 같은 것이다. 그걸 얻기까지 그대는 팽팽한 줄 위를 걷는 것을 피하지 말기를….

여기, 그대를 격려하기 위해, 괴테의 시《오직 그리움을 아는 사람만이》(Nur wer die sehnsucht kennt)를 소개한다. 그대는 이미 슈베르트의 가곡으로 이 슬픈 그리움에 대한 시를 들었을지 모른다.

오직 그리움을 아는 사람만이
내가 고통받는 것을 알아.
나 홀로 모든 기쁨에서 떨어져
하늘 저편을 본다네.
아, 나를 사랑하고 나를 아는 이는
그곳에 있구나
아, 어지럽고
내 속이 타고 있네.
오직 그리움을 아는 사람만이
내가 고통받는 것을 알아.

하나 더 소개한다.《오직 그리움을 아는 사람만이》에서 영감을 받아 윌리엄 워즈워스(William Wordsworth)가 쓴《기쁨에 놀라》(Surprised by Joy)라는 시다. 한때 독일에서 지내기도 한 워즈워스가 괴테에 심취했고, 그의 독일어 단어 그리움(Sehnsucht)을 영어

단어 기쁨(Joy)으로 수용한 것이다.

그러나, 워즈워스가 이 시를 짓던 상황은 그의 4살 된 딸 캐서린의 이른 죽음을 슬퍼하던 때였다.

> 기쁨에 놀라, 바람처럼 성급히
> 나는 그 황홀을 나누려 돌아섰다. 오! 너와 함께
> 적막한 무덤 속에 깊이 묻혀 있는데,
> 그 지점을 어떤 무상함도 찾을 수 없는가?
> 사랑이, 충실한 사랑이 내 마음에 너를 불러냈다.
> 그러나, 어떻게 내가 너를 잊을 수 있었을까?
> 어떤 힘으로, 찰나라도
> 나의 가장 서글픈 상실에 눈멀 정도로
> 나는 속고 있었는가! 그 생각의 돌아옴은
> 슬픔이 지닌 가장 혹독한 아픔이었다.
> 하나만, 오직 하나만 구해주오. 내가 비참하게 서 있었을 때
> 내 가슴에 최상의 보물이 더 이상 있지 않은 것을 알고
> 현재도, 아직 오지 않은 날들도
> 내 눈앞에 그 하늘의 얼굴을
> 아직 회복할 수 없는 것을 알면서

또 하나 더 있다. 놀랍게도 훗날 씨 에스 루이스(C. S. Lewis)가 이 시의 제목을 자신의 책 제목으로 삼은 것이다. 루이스는 옥스퍼드와 케임브리지에서 영문학을 가르쳤는데, 독일어와 영어의 변이에 대해서도 정통한 그가 '그리움'이라는 말로 하나님을 만난 순간까지의 자기 삶을 말하고 싶었던 것이다.

...

결혼이 이 그리움의 향연이 아니고 무엇이겠는가!

남편과 아내를 만나는 것이 나와의 만남이며, 곧 하나님과의 만남이 분명하리라.